仏心の中を歩む

横田南嶺《よこた・なんれい》

春秋社

はじめに

生まれたことの不思議
今日まで生きてこられたことの不思議
こうしてめぐり合えたことの不思議に
手を合わせて感謝します。

仏心の中を歩む

目次

はじめに

I

いのちのバトン……4
おはぎ……11
「一というはじめの数に踏み出す日」……17
精いっぱい生きよう……23
いのり……28
「今日好風」……33
海も川もみんなやすらかに……38
まごころをこめて……43
「無事これ貴人」……49
ご縁――延命十句観音経……54
忍をいだいて……60
延命十句観音和讃……65
いのりはひとつ……72

「消えないもの」を求めて……77
腰骨を立てよう……82

II

いつくしみとおもいやり……88
よき友……95
つながりの中に生きる……103
かすがいの話……110
よきめぐりあい……119
「生きねばならぬ」……126
心を澄ませて……134
恩に報いて……141
「いつもいっしょ」……149
かなしみ……157
そこなし――戒とは……165

III

咲く花となって……174
「渡り帰らんこの荒海を」……182
生き切る……192
越格の禅僧……200
春のひかり——真の宗教とは……212
心を調える……221
華厳の教え……228
寿と康……236
一遍上人……243

あとがき 254

仏心の中を歩む

I

いのちのバトン

かたみ子や母が来るとて手をたたく

小林一茶の句です。一茶が亡くなった妻の新盆に詠んだ句です。形見に残された幼子が、誰かにお盆になると亡くなったお母さんが帰ってくると教えられたのでしょう。子供は純真にそれを受け止めて、新盆の飾りを前に、お母さんが帰ってくると無邪気に喜んでいる。思わず涙を誘われる句です。

私が生まれ育ったのは、紀州（和歌山県）熊野川のほとりです。子供の頃、お盆になると、亡くなったご先祖が帰ってみえると母から教わりました。

お墓を掃除して迎え火をたいて、お墓から家にご先祖をお迎えし、お盆の間はご先祖と共に暮らすと教えられました。

生家はお寺でもなく、特別信心深いわけでもありませんでしたが、お盆の三日間はご先祖が帰ってきておられるといって、母は毎日三度のお膳をお仏壇に供えていました。そんな母のうしろ姿を見ながら、仏さまになったらどんなものを食べるのか、興味深くてお供えのお下がりをいただいた事も懐かしく思い出します。

またお盆の間は魚釣りはもちろん、虫や生き物を殺すことは御法度、海や川で泳ぐことも禁じられました。お盆はご先祖と共に過ごす時であると教わりました。

お盆の終わりには、熊野川の川原で各家でご先祖を送りました。銘々送り火をたいてお線香を供え、ご先祖がお帰りになる途中にお腹がすいてはいけないといってお弁当もつくって共に川に流してお送りしました。

新盆の家では、たくさんの灯籠や提灯を川原で燃やして、僧侶が読経していました。暮れゆく川辺のあちこちで、灯をともして祈り、そこに僧侶の読経が響き、何ともいえない風景でした。

お盆は休日でもありませんが、大勢の人が休みを取って帰省します。仏教の行事の中でも最も世間に浸透している行事です。

田舎に帰り両親が健在なら、元気な姿を見せてあげる。亡くなっていたらお墓におまいりする。そしてご先祖に感謝する行事です。単なる休みで遊びに出かけるのとは元来違うはずでした。

お施餓鬼のお経の中には、私たちが少しでも善い行いをして、父母が今日まで産み育ててくれたご恩に報いましょうと説かれています。

この頃は、河川が汚れる、燃やすと煙が出るといった理由で、川辺での送り火も行われないようです。合理化の時代、また核家族化の中にあって、かつてのお盆の風習も失われつつあるのは寂しいことです。

棚経にまわって、家の玄関に迎え火を焚いた跡が残っていると何となくホッとします。またそこに子供達も一緒に手を合わせていれば、なおのことほほえましく思います。

人は誰しも、決して一人では生きられません。両親あってのこのいのちであり、さらにはご先祖あってのいのちです。

書家であり詩人であった相田みつをさんは「いのちのバトン」と表現されました。私たちのいのちは、両親、祖父母、曾祖父母……、人類がこの世に生を受けてからずっとひきつがれてきたいのちのバトンを受けついでいます。

7　いのちのバトン

自分の番

　いのちのバトン

父と母で二人
父と母の両親で四人
そのまた両親で八人
こうして数えてゆくと
十代前で千二十四人
二十代前では——？
なんと百万人を越すんです
過去無量の
いのちのバトンを
受けついで
いま　ここに
自分の番を生きている
それが　あなたのいのちです
それがわたしの　いのちです

（相田みつを『にんげんだもの』文化出版局より）

「過去無量のいのちのバトンを受けついで」いると思えば、このいのちの貴さ、重さをより一層実感させられます。

孔子は『論語』の中で、「祭ること在《いま》すが如《ごと》くす」と仰せになっています。亡くなった方をおまつりするには、その方がそこにいらっしゃるようにおまつりしなさいということです。

お盆のおまつりの仕方はさまざまでしょう。その家その家の習慣や言い伝えもあるでしょうし、地域によって伝承されていることもあります。それぞれのおまつり方で結構です。わからないことは菩提寺の和尚さんに相談されるのが良いでしょう。

たとえば、なすやきゅうりで牛や馬を作ります。こちらに帰ってみえる時には、馬に乗って少しでも早く、あちらへお帰りになる時は牛に乗って少しでもゆっくりと、という気持ちです。

何も無理をすることはありません。大切なことは、今出来る範囲で気持ちを込めておまつりすることです。

お盆を迎えるにあたって、今一度心を込めてご先祖をお迎えして、そこにいらっしゃるようにおまつりし、このいのちを受けついだことを感謝して、お墓にあるいはお仏壇に手を合わせたいものです。

（『円覚』平成二十二年うら盆号）

おはぎ

お彼岸というと、恥ずかしながら、生来甘党の私は、いまだにまず「おはぎ」を思い浮かべてしまいます。

子供の頃は母の実家があんこ屋であったおかげで、あんこには事欠くことがありませんでした。お彼岸には、当時まだ元気だった祖父母が、朝早くから炊きあげたあんこで、母がたくさんのおはぎをつくってくれました。もちろんお墓にまいり、墓掃除をしてから、おはぎをたらふくいただいたものです。ふるさとを遠く離れて、今なお当時のおはぎを懐かしく思い起こします。

自坊のお檀家の中には、お彼岸の入りに一家でおはぎをつくってお寺にお供えくださる方がいます。手作りのおはぎをいただくと、こちらも思わず顔がほころび、仏さまにお供えするのも早々にして、有り難く、そしておいしくいただいています。なかには、私が僧堂の師家《しけ》（指導者）も兼ねていることをご承知で、僧堂の雲水（修行僧）達の分までたくさんつくってお供えくださる方もいます。みんなでいただけるとなると、なお一層おいしく嬉しく、有り難いかぎりです。

なぜお彼岸におはぎなのか、由来はよくわかりません。小豆の赤い色が古来魔除けの効果があり、邪気払いにもなるとの説もあります。お彼岸のおはぎは江戸時代頃からの風習のようです。春の彼岸には牡丹の花になぞらえて「ぼたもち」、秋には萩の花で「おはぎ」と呼ぶそうです。

おはぎも、あんこからつくるとなると、小豆を炊いて練って大変な作業です。とても一人前だけをつくるわけにはまいりません。いきおい大勢の分をつくります。お寺に供えて、家族みんなでいただいて、それでもさらにご近所にお裾分けして、たくさんの人に分け与えていただくことになりましょう。

このみんなに分け与えること、これが大切でお彼岸の精神とも大いに関わりがあります。

お彼岸は、元来はインドの言葉「パーラミター」を訳して「到彼岸《とうひがん》」と申します。こちらの岸が迷い苦しみの世界であるのに対して、彼岸は悟りの岸を意味します。

お彼岸とは、こちらの岸からあちらの悟りの岸に至る修行をするための期間です。

修行というと、すぐに滝に打たれたり、断食をしたり、坐禅して警策でたたかれたりと難行苦行を思い浮かべます。それももちろん修行ですけれども、けっして私たちの日常とかけ離れたものだけではありません。

彼岸は「波羅蜜《はらみつ》」とも訳しました。これはインドの言葉梵語である「パーラミター」の音だけを写したものです。「六波羅蜜」といって、彼岸に到るには六つの修行があります。

一、布施《ふせ》　ほどこし分け与えること
二、持戒《じかい》　決まりを守ること
三、忍辱《にんにく》　堪え忍ぶこと
四、精進《しょうじん》　勤め励むこと
五、禅定《ぜんじょう》　心を静めること
六、智慧《ちえ》　正しく物事の道理をみること

この一番はじめに、布施というほどこし分け与えることがございます。今日「布施」と申しますと、お寺さんへのお包みばかりを思い浮かべますが、もとの意味は文字通り「あまねくほどこす」ことです。

おはぎをつくってお寺に供え、お仏壇にお供えして、家族でみんなでいただき、ご近所にもお裾分けするということは、立派な布施の修行でもあります。

幸せはこんなものかな半分《はんぶん》こ

こんな川柳を新聞で見かけたことがございます。どんなごちそうでも一人で食べるよりも、半分こしてわけ与えて、「おいしいね」などと言い合って食べた方が、一層おいしく感じられます。

一杯のお茶を入れるにしても、利休居士は「茶を点《た》てて仏に供え、人にも施し吾も飲む」と仰せになっています。まず仏さまに供えて、さらにみんなでいただくと、自分一人で飲むよりずっとおいしく感じます。

「幸せ」という言葉は「仕合わせ」とも言われ、お互いにつかえ合う、支え合う、助け合うことでもあります。決して一人では生きられない人間は、お互い支え合うことによって喜びを感じます。それが「幸せ」でしょう。

おはぎをつくるのに、やはり家族みんなの健康と幸せを祈ります。もちろんおはぎに限らず、どんなものでも、自分の出来る範囲で無理なく、そして心を込めて施すことが大切

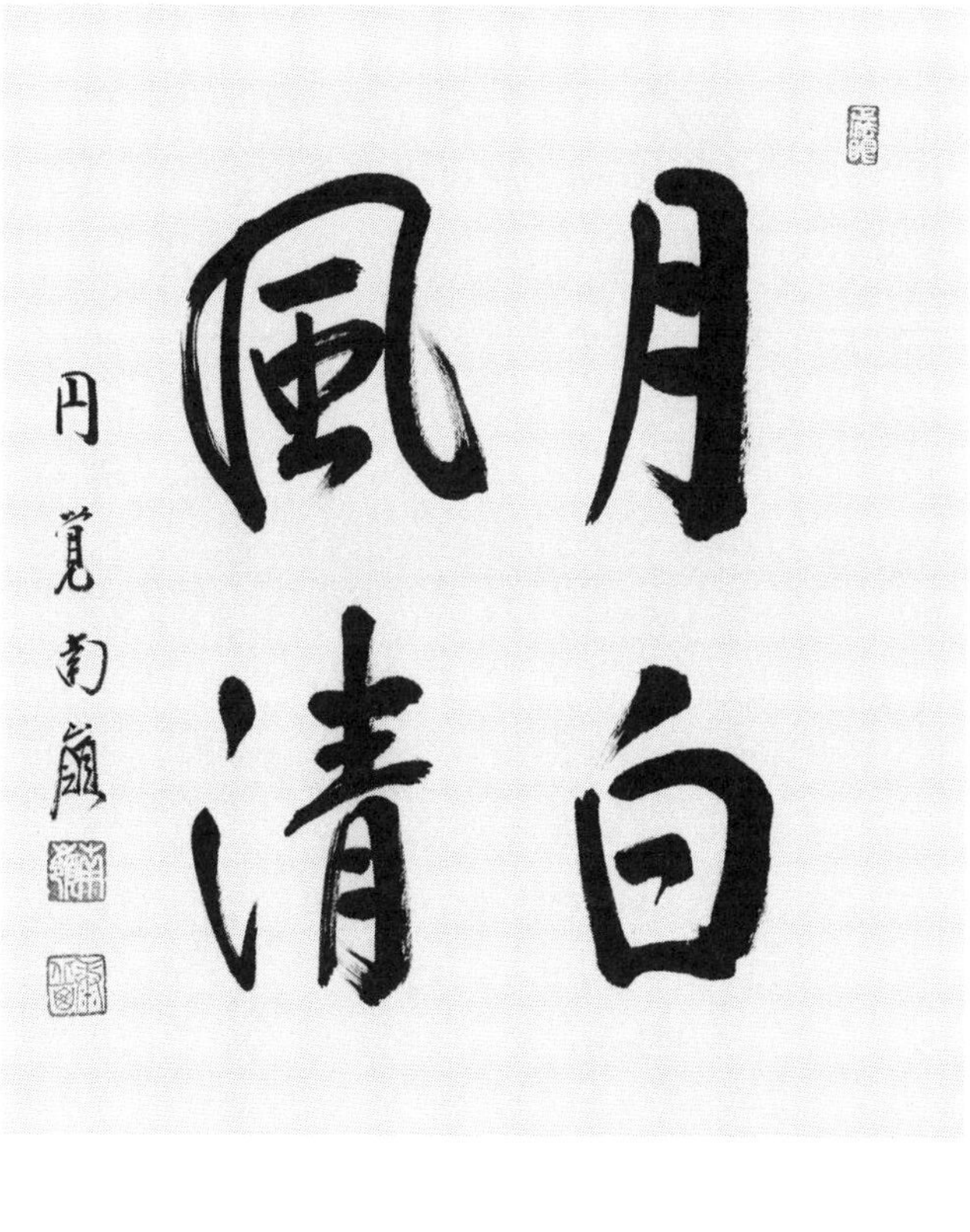
月白風清

です。みんなの幸せを祈って、何かを施したいものです。特別に物がなくても、優しい笑顔で接することや、あたたかい言葉を掛けてあげる「和顔愛語《わげんあいご》」も立派なほどこしです。
家族はもとより、親戚やご近所、ひいては生きとし生けるもの、いのちあるものみんなの幸せを祈って、お彼岸には、ほどこしをいたしましょう。

（『円覚』平成二十二年秋彼岸号）

「一というはじめの数に踏み出す日」

お寺の正月は行事が多く、元旦は除夜の鐘を撞きつつ新年を迎えます。除夜の鐘が終わって、修行道場では午前二時半から元旦のおつとめが始まります。お雑煮をいただいて、午前五時から本山の法要にまいります。仏殿に始まり、開山堂、舎利殿とお経を読んで回り、最後に方丈で大般若経を転読して、皆の無事を祈ります。

その祈禱の言葉の中に、「海衆安寧《かいしゅあんねい》にして魔事《まじ》無擾《むじょう》ならんことを」とあります。みんなが「安寧」、無事で安らかでありますようにという意味です。

お正月の法要を修正会《しゅしょうえ》と申します。九条武子さんの歌に、

一といふはじめの数に踏み出《いだ》す日なり　今日なり　正しくあらん

とあります。お正月はその「一といふはじめの数に踏み出す日」です。「初心忘るるべからず」とも申しますように、初心を思い起こして、今の自分が正しく道を歩んでいるか、道がそれていないか「修正」する時です。

その道に入らんとおもふ心こそ　我が身ながらの師匠なりけれ

という道歌もございます。よしこの道に入ろうと決意したその心こそ、一番大切な道しるべであります。

私は紀州和歌山県の新宮市、熊野の小さな町の鉄工所に生まれました。仏教との出会いは、小学生の頃に通った菩提寺の坐禅会でした。夏の八月に数日間の坐禅会が行われ、最終日に和歌山県由良町興国寺から目黒絶海老師がお越しになり、提唱《ていしょう》といいますが、禅のお話をなさってくださいました。

夏の暑い日、茶の麻の法衣をお召しになった老師が本堂の中央で恭しく、焼香三拝なされます、そのなんとも神々しいお姿に子供心に深い感銘を受けて、まるで磁石に吸い付けられるように、お寺で坐禅することに親しむようになりました。

19　「一というはじめの数に踏み出す日」

初めてお話をうかがったときに、絶海老師は、みんなを見渡して「ここにお集まりの皆さんはみんな仏さまです」と言って両手を合わせて拝まれました。

なんとも神々しいと思っていた老師がこの私たちを拝んでくださった、大きな感動でした。でも、なぜ私たちが仏なのか、なにか老師は勘違いをしているのではないかと、当時はよくわかりませんでした。

坐禅に通ううちに、お寺の和尚さんから、「ただ坐るだけではだめだから、老師のところに言って独参《どくさん》して公案《こうあん》をいただいてきなさい」とご指導を受けて、公案がどんなものかもよくわからぬうちに参禅《さんぜん》を始めました。まだ中学の頃でした。

公案とは、坐禅の修行で取り組む禅の問題を指します。そんな難しいことは分からぬまま、興国寺まで行って参禅しました。

数日でしたが、若い者が来たことを喜んでくださり、隠寮《いんりょう》でお茶を呼ばれたことも何度かございました。

今思い起こしても、老師のお住まいとはいえ、狭い茅葺きの、しかも雨天にはそこかしこで雨漏りがするような質素なお住まいでした。そんな枯淡な暮らしぶりにも心ひかれたものです。

数日の参禅の後、下山する頃になって、老師の隠寮にご挨拶に参上しました。ちょうど老師は墨跡をお書きになっている最中でした。私を見るなり「これを洗っておいで」と、いま揮毫中の筆を渡されました。

言われるまま、流しで老師の筆を洗ってお返しすると、老師はその洗った筆の先にチョンと濃い墨をつけて、色紙に淡墨で富士山の絵を描かれ、その上に賛を書かれました。その賛には、

すべってもころんでも　のぼれ　ふじの山

と書かれていました。老師はそのときに何の道でも志したら最後までやり遂げなければならないこと、とりわけ坐禅の修行は継続することが大事で、途中でどんなことがあっても、とにかくあきらめずにつとめることが大切だと懇々とお説きくださいました。

お正月、「一といふはじめの数に踏み出す日」、初心を思い起こすときには、私はいつも老師からいただいたこの言葉を思います。そのお言葉通り、私の修行は「すべってころん

で」の連続でしたが、途中であきらめない、やめない、その一心だけでつとめてきました。
今でも坐禅するたびに、まだまだ道半ばと思い知らされます。絶海老師が「みんな仏さま」と拝まれたように、一人一人を心から拝んでゆけるよう、さらに気持ちを引き締めて、今年も修行に取り組んでまいりたいと志を新たにしています。

(『円覚』平成二十三年正月号)

精いっぱい生きよう

春三月は卒業の時期でもあります。円覚寺にも幼稚園がありますので、卒園式を迎えます。卒園する園児達には、円覚寺から管長が色紙を一枚ずつ揮毫して差し上げる習慣になっています。

前管長足立大進老師は「すなお」と優しい言葉を書かれて贈られていました。そして足立老師はいつも卒園式で「円覚寺にはたくさんの背の高い杉の木があります。あの杉の木のようにまっすぐ素直に伸びて育ってください」とお話しになっていました。

花が咲いている
精いっぱい咲いている
わたしたちも
精いっぱい生きよう

私はこの詩を書いて贈りました。これは私の恩師松原泰道和尚が、まだ中学生の頃の私に教えてくださった詩です。紀州和歌山熊野で生まれ育った私が、たしか中学の頃に初めて上京する機会があり、三田の龍源寺に松原泰道和尚を訪ねました。

当時泰道和尚は既に『般若心経入門』を著して多忙を極める中でしたが、はるばる紀州から中学生が訪ねてきたのを快くご対応くださいました。

そのおりに私は泰道和尚に、「仏教にはたくさんのお経や書物がありますが、一番大事な言葉を書いてください」と色紙に揮毫をお願いしました。いま思い出しても冷や汗が出ますが、泰道和尚はこの詩を書いてくださいました。

そして私に「花は誰かに見てもらおうと思って咲いているのではありません。人が見ていようが見ていまいが、花はその与えられた場所で精いっぱい咲いています。その花の姿から何かを学ぶことが大切です」とお教えくださいました。

当時、受験戦争といういやな言葉もありましたが、泰道和尚からのお言葉のおかげでそんなに成績や評価を気にせずに、自分の精いっぱいを勤めればいいと思ってきました。むしろ学校の勉強よりもお寺に行って坐禅することに精を出していたと思います。

お釈迦様のお言葉に、

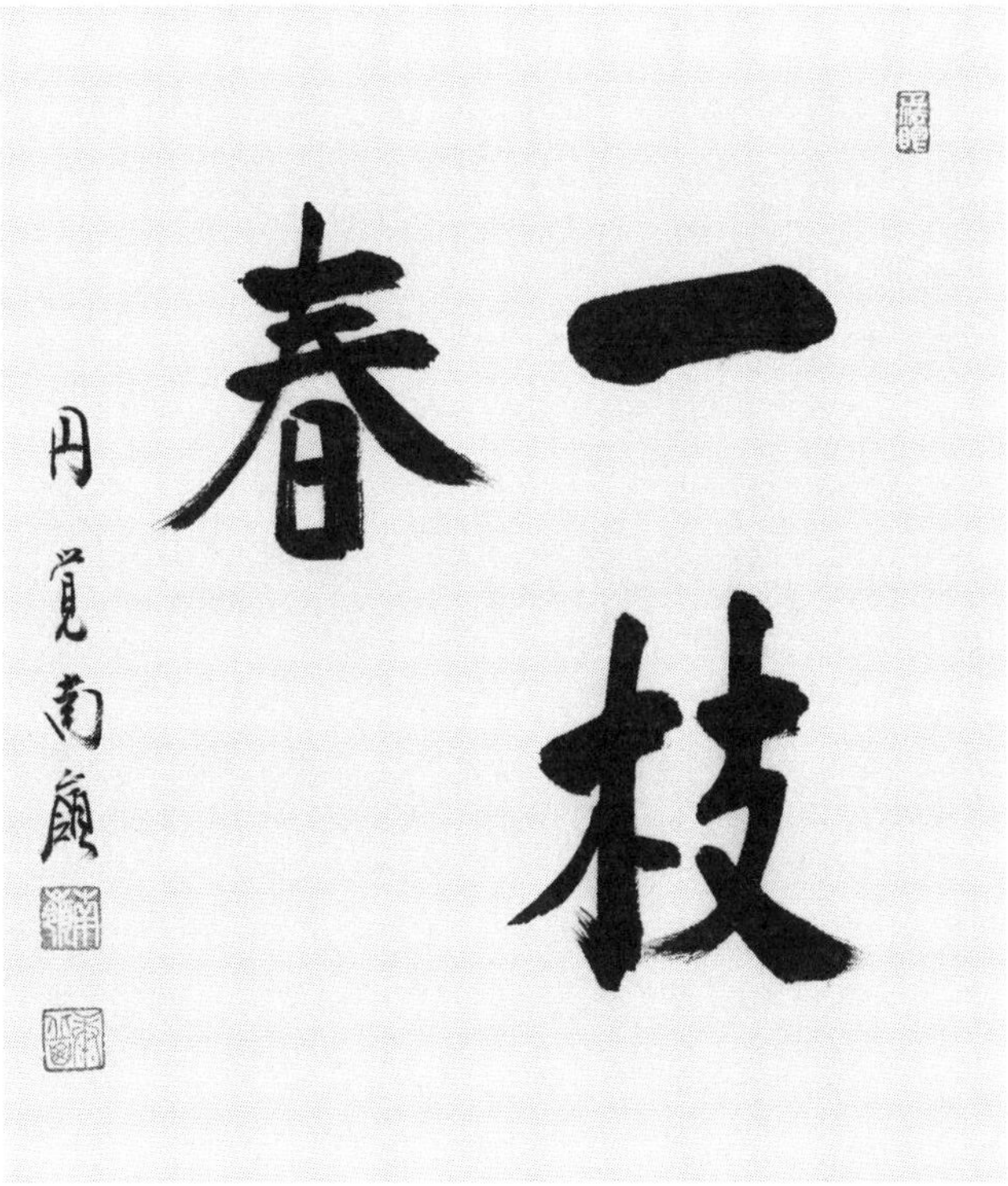
一枝春

勝つ者
怨みを招かん
敗れたる者
くるしみて臥す
されど
勝敗の二つを棄てて
こころ寂静《しずか》なる人は
起居《おきふし》ともにさいわいなり

（法句経二〇一）

とあります。人類の歴史は戦いの歴史かもしれません。たえず人と人、国と国とが争い戦ってきたことは事実です。しかしながらいつまでも不必要な争いを繰り返す必要はありません。お釈迦様のお言葉の通り、戦いで勝った者は新たな怨みを招き、敗れた者はまた復讐を思うでしょう。

お釈迦様は「勝敗の二つを捨てて」と仰せになりましたが、けっして競争するな、競争の世界から逃げ出せといわれるのではありません。勝ち負けを超える道を説かれました。

それは、とりもなおさずその時のその場で自分の持っている力の精いっぱいを尽くすことです。

「自分さがし」という言葉もよく聞かれます。お若い方には、これこそ本当の自分だと思えるものを求めたい気持ちがあるのでしょう。高い理想を持つことは大事です。それを求めることも貴重です。しかしあまりそのことにとらわれても考えものです。

どんなささいなことでも、その時その場で与えられたつとめを精いっぱい勤めることで、新たな道が開けてくることもございます。

私も馴れぬ管長の勤めを仰せつかり、ようやく一年を過ごしました。隠寮の玄関にかけてある相田みつをさんの日めくりカレンダーのなかに、「これでいいということはないが、これが今のわたしの精いっぱいの姿です」という言葉があります。その言葉を見るたびに、まず自分の精いっぱいを勤めればいいんだと言い聞かせています。

子供達もそれぞれの道で精いっぱい勤め、活躍してくれたらと願っています。

（『円覚』平成二十三年春彼岸号）

いのり

平成二十三年三月十一日、この日は私達にとって忘れられない日になりました。改めて言うまでもなく、東日本大震災のおこった日です。

毎日のように大津波の映像がテレビのニュースで流され、もう私達が自分自身の一部分を奪われたような衝撃を受けました。

さらには原子力発電所の事故によって、放射能の恐怖という、かつて経験したことのない不安に襲われました。例年ならば春の訪れとともに、大勢の拝観客でにぎわう円覚寺の境内も、今年は桜の花が咲いてもひっそりとしていました。

震災からちょうど一ヶ月の四月十一日、鎌倉では、八幡宮をはじめとする神官の方々と、我々仏教界の僧侶、そしてキリスト教会の方々が、八幡宮に集まり、追悼と復興の祈りを捧げました。

仏教界は宗派を問わず鎌倉中の寺院方、キリスト教会からもカソリック、プロテスタントあわせて牧師、神父さん達が集いました。宗教家だけでも四百名、参列の方々は一万人にのぼりました。

大地震の起こった午後二時四十六分にあわせて、二時半から神道、仏教、キリスト教の順で、およそ二時間に近い法要を営みました。

終わってさらに八幡宮から海に向かって托鉢して義援金をつのりました。先頭を神官の方がお祓いの儀式をしながら歩み、その後に我々僧侶が続き、その後ろをキリスト教の方が大きな十字架を背負って歩みました。最後に由比ヶ浜の海岸で海に向けて祭壇を設け、各宗教で祈りを捧げました。

津波の被害の大きかったことと、その頃、原発の事故で放射能に汚染された水が海に大量に流されるという報道もありましたので、海でなくなった方々の冥福を祈ると共に、海を汚したことへの懺悔《さんげ》の祈りを捧げました。

このたびの震災で円覚寺本山では、大きな被害はありませんでしたが、円覚寺派の寺院、特に福島県や茨城県の寺院では被害が甚大でした。

四月早々には、宗務総長に被災寺院へお見舞いに行ってもらいました。救援物資などをもって行きますが、何かほかにこちらの気持ちが伝わるようなものはないかと考えました。ある方に相談したところ、延命十句観音経を写経したらと助言をいただきました。早速、下手な観音様の絵を添えて延命十句観音経を色紙に書いて、被災寺院へ届けてもらいました。各寺院とも喜んでくださったようです。

それ以来毎日、延命十句観音経の写経をして、追悼と復興を祈ることにしました。お身内で被災した方がいらっしゃると、差し上げたりしていました。

その後、僧堂の雲水達にも交代でボランティアに行って、避難所での炊き出しや被災された寺院のお手伝いをしてもらいました。その折りにも延命十句観音経の色紙を届けてもらいました。

僧堂では普段から薪でご飯をつくっています。行事のあるときには、二、三百人の食事もつくります。ご飯とけんちん汁に、がんもどきと素朴な料理ですが、カレーなどの炊き出しに馴れた避難所の方々にはかえって喜んでいただけたようです。

お身内を亡くされた方も多く、色紙の観音さまを本尊に見立てて御経を読んだところ、涙を流して感謝されたと言っていました。普段の修行が皆さんのお役に立ち、雲水達も逆に励まされたようです。

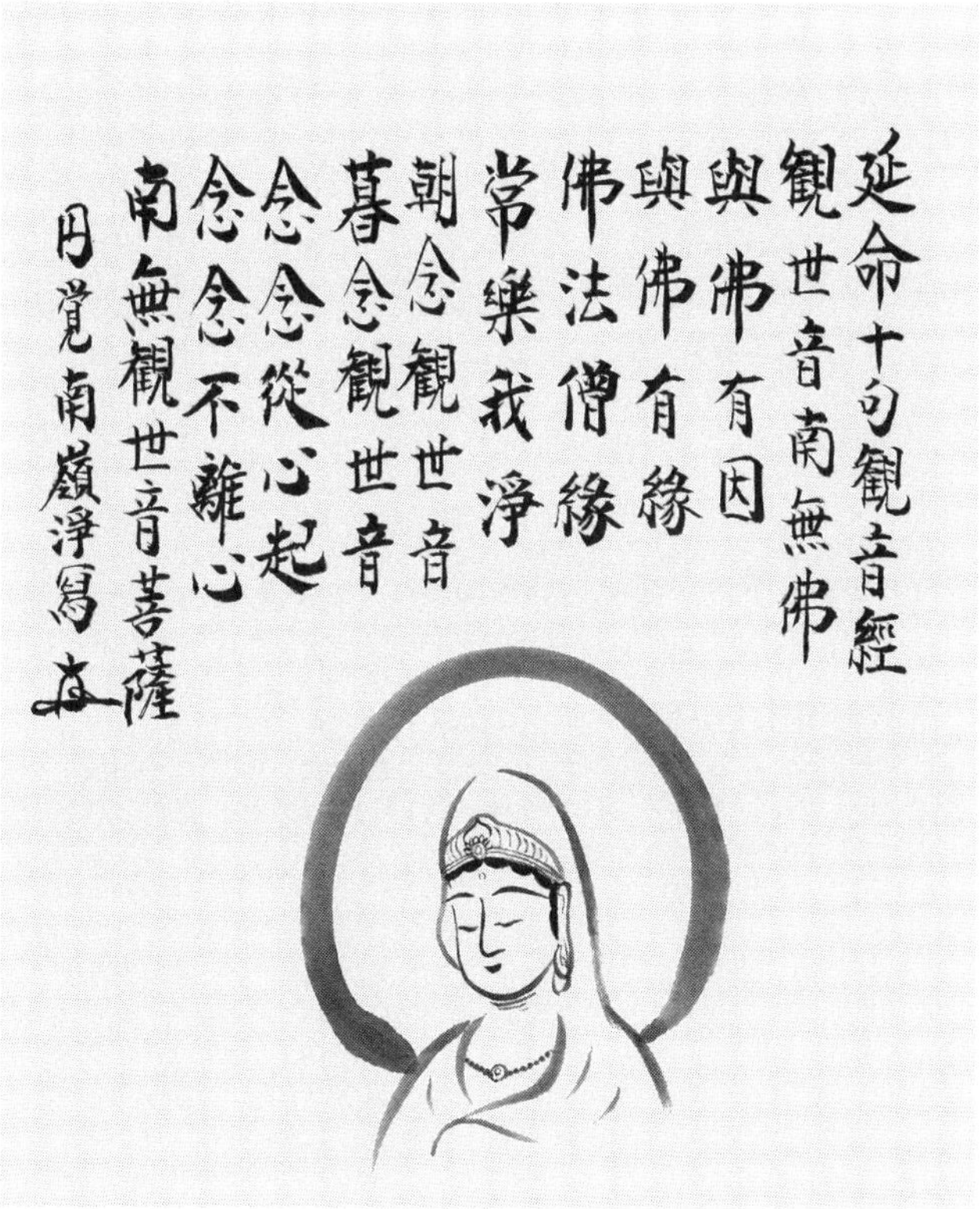
延命十句觀音經
觀世音南無佛
與佛有因
與佛有緣
佛法僧緣
常樂我淨
朝念觀世音
暮念觀世音
念念從心起
念念不離心
南無觀世音菩薩
円覚南嶺淨寫

震災からちょうど二ヶ月の五月十一日、円覚寺派被災寺院のお見舞いに私も出かけました。栃木、福島、茨城の寺院をまわりました。

途中で福島県いわき市の海岸に寄って津波の現場を目の当たりにしました。幾たびか映像で見たものの、実地を目にして言葉を失いました。大自然を前に、ただ謙虚に祈るばかりでした。

祈って何になるかと言われるかもしれませんが、それでも祈らずにはいられない日々です。亡くなった方々のご冥福と避難所の方々が少しでも安らかに暮らせるようにと、そして現地の復興と原発事故の収束とをただただ祈っています。

（『円覚』平成二十三年うら盆号）

「今日好風」

毎年の夏期講座は、円覚寺でも大切な行事の一つです。今年も大勢の方にお越しいただいて無事終えることができました。夏期講座が終わると、各寺院方はお盆の準備に追われます。私はというと、もっぱら自坊の黄梅院の山の草刈りや、境内の樹木の剪定に励みます。

山や崖の作業は危険を伴いますので、厚手の作業着に手っ甲、地下足袋を履いて重装備で臨みます。それでも今年は足下の地蜂の巣に気づかず、久しぶりに刺されてしまいました。小さな蜂でも結構痛く、腫れるものです。自然は我々人間に容赦はありません。こちらが謙虚にならねばと思い知らされます。

炎天下に山に入り、あるいは木に登り、びっしょり汗をかいて働きます。それでもその合間に一息入れると、木陰を吹く風は何とも心地よく、一瞬、暑さも忘れます。暑さの中なればこそ感じる風の涼しさです。

「今日好風《こんにちこうふう》」という禅語は難しい言葉ではありません。「今日はよい風だ」という意味です。中国の唐の時代に趙州《じょうしゅう》和尚という方がいらっしゃいました。我々の宗祖臨済禅師と時を同じくして活躍された禅僧です。その方の語録を読んでいて見つけた語です。

夏期講座で講義をしてくださった講師の先生方や、お手伝いいただいた方々にお礼の気持ちをこめて、「今日好風」と色紙に認《したた》めて差し上げました。

たくさんのことを学ぶことも必要ですが、時には学んだこともすっかり忘れて、今日のよい風を感じて、すがすがしい気持ちになることも大切でしょう。

「帰りには何も流して風涼し」、そんな句もございます。

お彼岸を迎えます。昔から「暑さ寒さも彼岸まで」という通り、秋の彼岸には暑さも一段落して朝夕、秋の風を感じる頃になります。前にも申しましたが、こちらの岸が此岸《しがん》、向こうの岸が彼岸。この迷いの此岸から悟りの彼岸へと向けて努力しましょうという期間が、本来のお彼岸の意味です。

ところが、悟りを求めてもそう簡単には悟ったと割り切れるものではありません。迷いながら、つまずきながら、一歩一歩、歩んでまいります。迷いの中にこそ悟りはございま

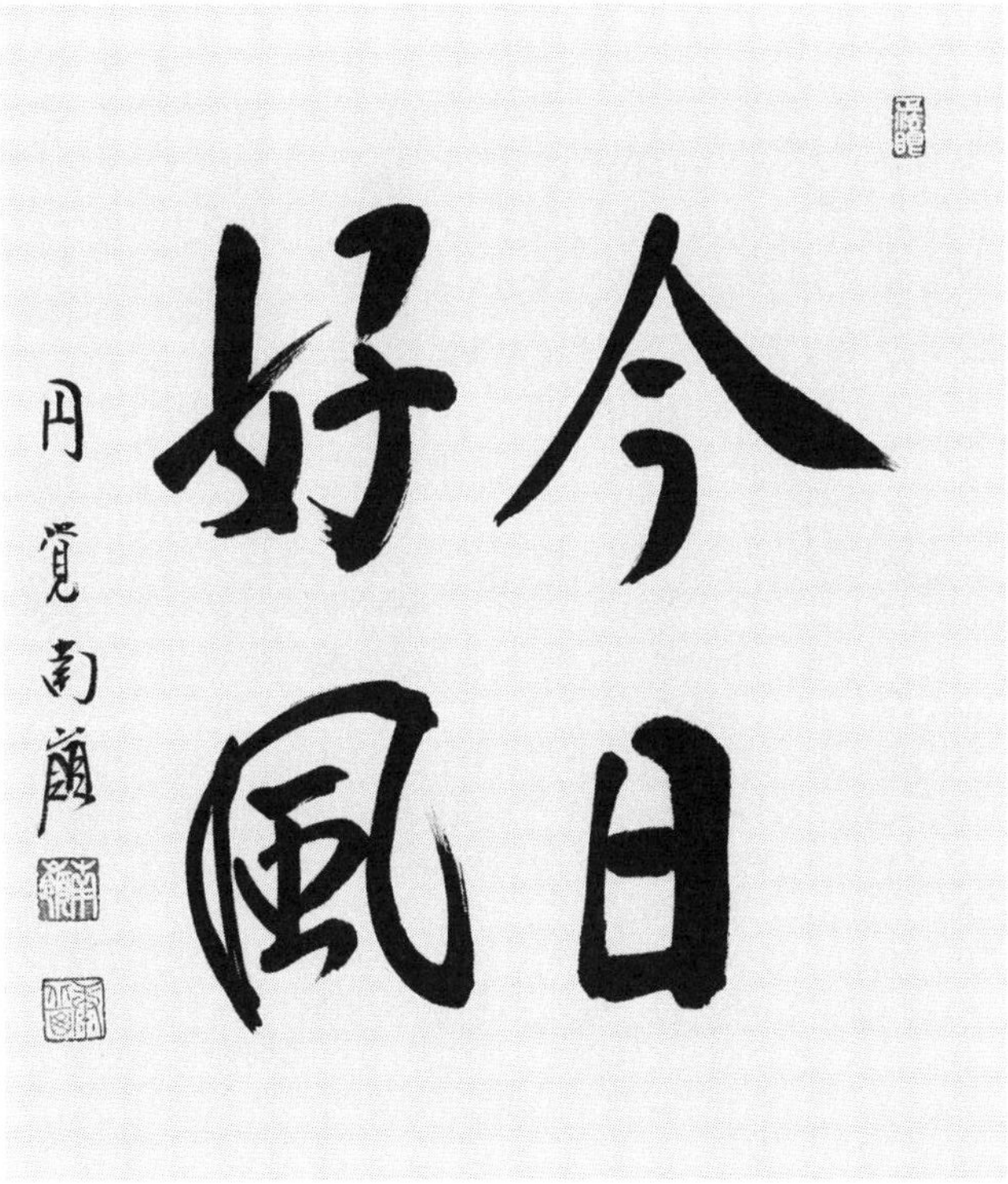

35　「今日好風」

す。

先の趙州和尚にある僧が、「迷いと悟りその二つにとらわれないとは、どういう心境ですか」と問うと、趙州和尚はサラリと「今日好風、今日はよい風だね」と答えました。何ともさわやかな答えです。

お彼岸で墓参の帰り道、涼しい秋の風に、ああいいなあと感じれば、それが一番です。

私達は、大自然の中でいのちをいただき、大自然の恵みをいただいて生きています。お日さまの光、風、水、大地、これらなくしては一瞬も生きてはいられません。

昔の人はお日さまをお天道さまといって拝んでいました。

道元禅師は、「峰の色　渓の響きもみなながら　我が釈迦牟尼の声と姿と」と詠いました。

俳人の山頭火には、「一杯の水も仏の涙かな」という句もございます。一杯のお水にも手を合わせて感謝していただく、山頭火の姿が思い浮かびます。

太古より日本人は大自然を神と仰ぎ、そのままみほとけの姿と拝んできました。

その大自然も時には猛威を振るいます。このたびの震災ではその恐ろしさを見せつけられました。それでも私たちは、みほとけの腕に抱かれるが如く、この自然の中で生かされて生きてゆかねばなりません。
坂村真民先生の詩の一節に、

嵐はかならず
去る
火はかならず
消える
夜はかならず
明ける
このことがわかれば
大抵のことは解決する

（『坂村真民全詩集』第三巻より）

とあります。被災地にも秋の風が吹く頃でしょう。子供たちが風に吹かれて遊べる日が来るのでしょうか。汗を流して耕し収穫して、涼風の心地よさを味わえる日は来るのでしょうか。その日の来ることをただただ祈るばかりです。

（『円覚』平成二十三年秋彼岸号）

海も川もみんなやすらかに

毎年お正月には一年の無事安寧を祈りながら、昨年は思いもかけぬ災害の年になりました。

三月の東日本大震災に始まり、夏には新潟などで豪雨被害がありました。大震災の被災寺院へは、五月と九月の二度お見舞いにまいりました。新潟にもお見舞いに行きました。そんな折に、私の郷里である熊野地方で、台風で川が氾濫し大きな災害となりました。幸いにも生家も親族も無事でしたが、知人宅も流されたり、町では大勢の方が亡くなりました。

九月の末にようやく、故郷の見舞いに出かけました。まだ鉄道は通らず、道路はどうにか通っているものの、交通規制もあり、自衛隊の災害派遣の車がひっきりなしに通っていました。

那智山へもお見舞いに上りました。途中の那智川の氾濫はすさまじく、東北で見た津波の惨状と同じでした。

那智山に上って那智の滝にお詣りすると、大木が倒れ、大きな岩がごろごろ転がり、普段とは全く異なる光景でした。しかしながら、私が胸打たれましたのは、まだ道路も復旧されていない中、観光客もゼロに近いにも関わらず、ご神体でもある御滝への参道は塵ひとつなく掃き清められていました。那智大社もお寺も、懸命の復旧作業をしながらも、境内は箒の目がきれいにたって、掃除されていました。

人が来ようが来まいが、変わらずきれいに掃除する、このこころがあればきっと復興できると、確信しました。

詩人の坂村真民先生は、「鳥は飛ばねばならぬ　人は生きねばならぬ」と詠いました。どんな状況になっても、人はいのちある限り、希望を持って生きてゆかねばなりません。大勢の亡くなった方のことを思うと、いたたまれませんが、それでも明日を信じて、一日一日を生きてゆくことこそが、亡くなった方への供養にもなります。

気仙沼で大変な津波の被害に遭われたお寺の和尚さんがいらっしゃいます。円覚寺の僧堂の雲水も何度か足を運んで、復興のお手伝いをしました。

十一月に鎌倉にみえてお目にかかりました。その折りにこんなことをお聞きしました。津波で、家も大事な船もすべて失ったお檀家の方が、あるとき和尚さんに言われたそうです。「それでも津波を恨みはしません」と。

どうしてかというと「自分たちは海に生かされてきた。海と共に暮らしてきた。これからも海と共に生きるしかない。だから津波を恨むことはしない」というのです。和尚さんもそれを聞いて涙が出たと言われました。

熊野の人もおそらく同じかと思っています。山が崩れ川が氾濫しましたが、熊野の人は山に生かされ、山と共に生きてゆくことでしょう。

大自然、大いなるいのち、言葉を換えますと、仏心、仏さまのいのちと言ってもよいでしょう。私たちは大いなる仏心の中に、このいのちをいただき、仏心の中に生きてまいります。時に自然は猛威を振るおうとも、その中で生きてゆかねばなりません。

円覚寺では、昨年の五月から仏殿を一般の方に開放し、中に入って円覚寺のご本尊であるお釈迦様を間近で拝んでいただけるようにいたしました。やはり仏さまのお近くにいって、仏さまと目を合わせて手を合わせると、こころが安らぎます。

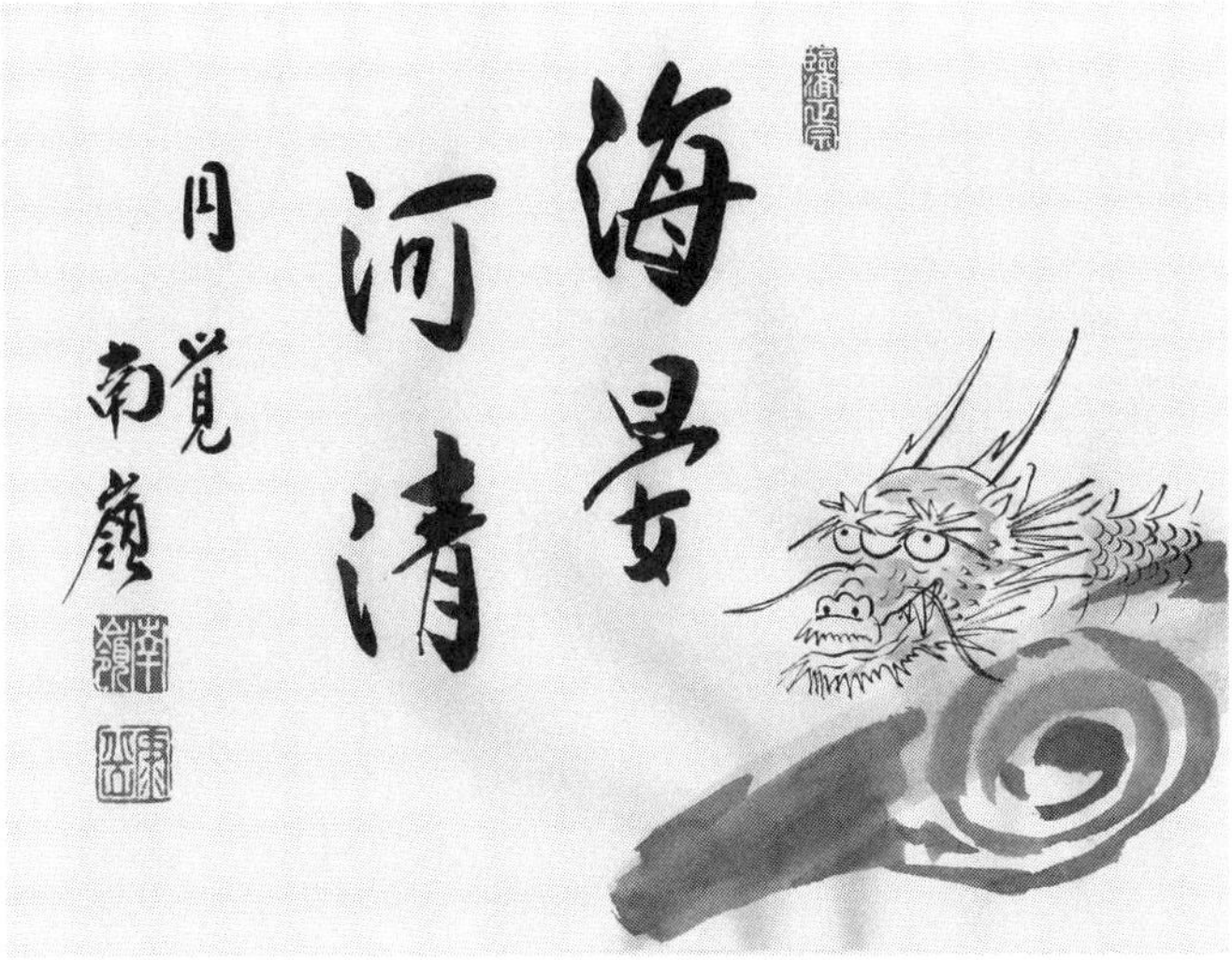

41　海も川もみんなやすらかに

私も折に触れて、仏殿で一人、仏さまの前で手を合わせます。仏さまはいつも私たちを見てくださっています。

特別な震災や災害でなくても、私たちは生きてゆくからには、さまざまな辛いこと、苦しいこと、悲しいことがあります。時には人にも言えないこともございます。そんなとき、仏さまに手を合わせて、仏さまは何もかもご承知で見守ってくださるんだと思うと、こころ安らかになり、そして生きてゆく力が湧いてまいります。

「海晏河清《かいあんかせい》」という禅語があります。海も川も安らかにという意味です。仏さまに手を合わせて、どうか海も川も、そして人も安らかにと祈っています。

（『円覚』平成二十四年正月号）

まごころをこめて

円覚寺では、朝比奈宗源老師以来、毎年成人祝賀の式を行っています。今年で五十四回を数えました。

かつては、市内在住の新成人の方々に案内を出して盛大に行っていました。近年は個人情報の問題もあって、少人数で行っています。それでもお寺で行いますので、よそで話題になるような騒々しさはなく、厳粛に新成人の門出を祝っています。

朝比奈老師は、色紙に「誠」と書いて、新成人一人一人に贈っていました。

足立大進老師は「忍」の一字を揮毫していました。

私は「至誠」の二字を書いて、新成人たちに差し上げています。

明治の時代に荒廃した円覚寺を再興して宗風を起こされたのが、今北洪川《いまきたこうせん》老師です。鈴木大拙先生はこの今北洪川老師を「至誠の人」と評されました。

「至誠」とは、この上なく誠実なこと、まごころを表します。洪川老師の嘘偽りのない実直なお人柄が窺われます。

中国の古典『孟子《もうし》』には、「誠は天の道なり。誠を思うは人の道なり。至誠にして動かざるものは、未だこれ有らざるなり」と説かれています。

平易に訳してみますと、「天地万物にあまねく貫いているのが誠であり、天の道である。この誠に背かないようにつとめるのが人の道である。まごころをもって対すれば、どんな人でも感動させないということはない」。

まごころをもって接すれば、どんな人でも動かせる力があるということです。ただし、この至誠、まごころは一時だけのものに終わってはなりません。

これも中国の古典『中庸《ちゅうよう》』には、「至誠息《や》むこと無し」の一句がございます。この上ない誠実さ、まごころをもって生涯を貫くことです。

『中庸』には「至誠息むこと無し」の後に、「息《や》まざれば久《ひさ》し。久しければ徴《しるし》あり」と続きます。

「この上ない誠実さ、まごころを怠ることなく、あきらめずに保てば、長く勤めることが出来る。長く勤めれば、必ず目に見えるしるしが顕れる」という意味です。

まごころを持って、倦《う》まず弛《たゆ》まずどこまでも貫いて、途中でやめることさえしなければ、必ず目に見える成果が現れる。どんな人でも、世の中でも変えてゆくことが出来るということです。

こんな古典の言葉を紹介しながら、嘘偽りのないまごころを貫いてほしいとお話しています。


東日本大震災から早や一年が経ちます。いまだに帰らぬ方々も多いと思うと、いたたまれません。悲しみのどん底にありながらも、着々と復興への歩みも進んでいます。亡くなった方のご冥福を祈ること、被災地の方々に何をして差し上げられるのか、復興を願うことを忘れてはなりません。

至誠、どこまでもまごころをこめて、祈り念じてゆかなければなりません。

震災から一年の三月十一日、円覚寺ではちょうど日曜説教の日で、震災について話し、参詣の方々と祈りを捧げました。また午後から建長寺に、鎌倉の神社の神官方、キリスト教の神父さんや牧師さんたち、そして仏教各宗派の和尚さん方がみな集まって追悼と復興への祈りを捧げました。

その同じ日に、仏教詩人の坂村真民先生の終焉の地、愛媛県砥部町では坂村真民記念館が開館されました。ご縁があって、私も拙い書を寄贈しました。記念に出された先生の詩集に、「あとからくる者のために」という詩がありました。

あとからくる者のために
苦労をするのだ
我慢をするのだ
田を耕し
種を用意しておくのだ
あとからくる者のために
しんみんよお前は
詩を書いておくのだ
あとからくる者のために
山を川を海を
きれいにしておくのだ
ああああとからくる者のために

至誠

みなそれぞれの力を傾けるのだ
あとからあとから続いてくる
あの可愛い者たちのために
未来を受け継ぐ者たちのために
みな夫々《それぞれ》自分で出来る何かをしてゆくのだ

震災を機に原子力の恐ろしさも知らされた一年でした。あとからくる、私たちの子や孫の世代に、何を残してあげられるのか考えさせられます。

今を生きる私たちは、山や川や海をきれいにのびのび暮らせるようにしてあげなければなりません。私たちが「至誠息《や》むこと無く」、まごころをもってゆけば、必ず道は開かれると信じてまいりましょう。

（『円覚』平成二十四年春彼岸号）

「無事これ貴人」

管長としての役目柄、頼まれて字を書くことがあります。毎年の夏期講座の講師の先生方にも、お礼に書を揮毫して差し上げています。

前管長の足立大進老師からは常々、読みやすい字を書くように、そして分かりやすい言葉を選んで書くように言われています。もとより難しい字を書けるわけでもなく、いつも拙い字を書いています。

足立老師はよく「花を弄すれば香衣に満つ」と書かれていました。私はもっぱら「無事《ぶじ》是《こ》れ貴人《きにん》」と書いています。これならば、読んで何となしに意味も分かるような気がします。

「無事是れ名馬」という言葉もあります。これは競走馬で、無事に怪我なく走り終えるのが一番だという意味です。「無事是れ貴人」も無事でいられることが何より貴いことだと受け止められるかもしれません。

毎朝、今の季節ですと、午前三時半から僧堂で読経を勤めます。私はそのお勤めに出る前に、隠寮の仏間で『大般若理趣分』という長いお経を読んで、僧堂の雲水達みなの無事を祈り、円覚寺山内の無事を祈り、世の中の無事平安を祈り、その後三時半の朝のお勤めに出ています。無事を祈る、無事こそ誰しも願うものであります。

「無事是れ貴人」はもっと深い意味があります。実は『臨済録』という、臨済義玄禅師の語録に出てくる禅の言葉です。臨済禅師は、無事とは何か、求める心が止んだ時が無事であると説かれています。

私たちは常に何かを求めて生きています。幸せであったり、財産であったり、知識であったり、愛情であったり、さまざまです。仏道の修行であれば、なによりも仏とは何かと追い求めます。

求める心が止むとは、無理に求めようとしないことではなく、求めなくても十分に足りていると気がつくことです。では何が足りているのでしょうか。

『臨済録』にはこんなたとえ話で説かれています。ある若者が、毎日鏡で自分の姿を見るのを楽しみにしていました。ある朝、誰かが掃除して鏡を裏返してしまいました。若者が鏡を見ようとしても自分の姿が見えません。自分の顔がなくなったと大騒ぎして町中をさ

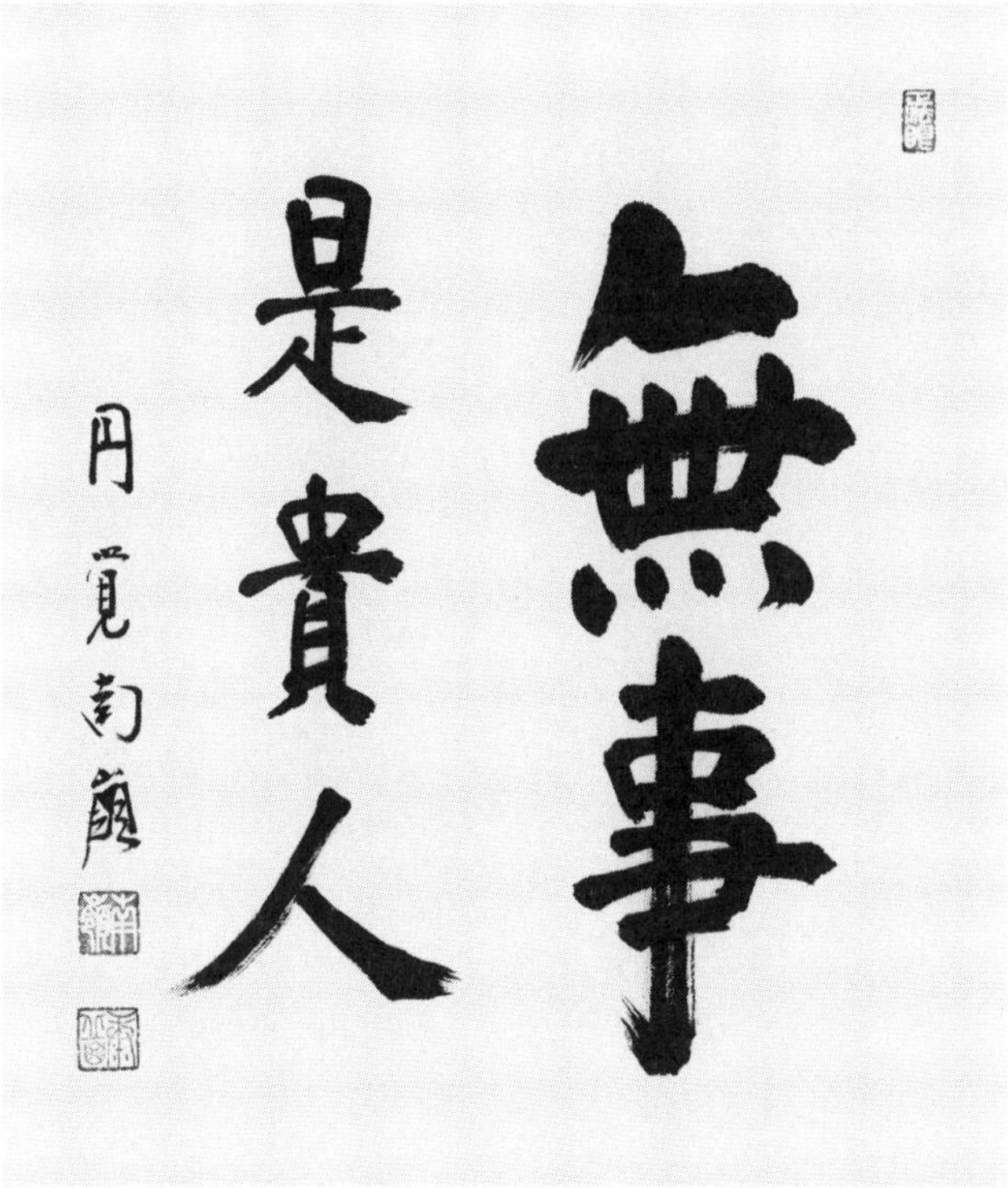

51　「無事これ貴人」

がしてまわります。探しあぐねた末に、ああ自分の顔はもとからここにあったと気がつくという話です。

笑い話のようですが、幸せを求めることに置き換えたら、いかがでしょうか。幸せを探し求めた末に、一番身近なところにあったと気がつくのです。

臨済禅師は、仏さまとは何か、実に端的に今ここで話を聞いているもの、それこそ仏であると説かれています。今聞いているものは何であるのか、これを究めてゆけと、よく老師方からお教えいただきましたが、なかなかつかみどころがなく、長らくよくわかりませんでした。

僧堂で修行時代に、もう十年くらい経って、この臨済録を学んでいた時です。ある日の朝、台所の当番で皆のお粥をかまどで炊いていました。無心にかまどに薪をくべていて、「パチ、パチッ」と薪のはじける音に、ハッと気がついて、「ああこのままでいいんだ」と何か有り難い、満ち足りた気持ちになったことがあります。このままで十分に満ち足りている、求めることもないと気がつくと、穏やかなこころになります。

聞いているものは何か、生きていればこそ、いのちあればこそ、聞くことができます。このいのちをいただいている、これ以上貴いことはないと気がつくことこそ、無事です。

気がついた人こそ貴人です。

平素敬慕している老師から、近著をいただきました。その中に「悟りとは、失って初めて気づく大事な事柄を、失う前に知ることである」と書かれていました。

いつも本山で皆様にお話しする時には、生まれたことの不思議、今生きていられることの不思議、こうして巡り会えたことの不思議に手を合わせ感謝して、始めています。

かけがえのないいのちをいただいて、多くの人たちとの出会いに恵まれて、今ここに生かされている、このことの貴さに手を合わせ感謝して、今年もお盆を迎えましょう。

（『円覚』平成二十四年うら盆号）

ご縁——延命十句観音経

例年の夏期講座の最中、新聞には東日本大震災から五百日という文字が目につきました。ひとくちに五百日と言いますが、被災された方、お身内を亡くされた方、それぞれの思いがありましょう。

震災の後しばらくの間、私はもっぱら延命十句観音経を色紙に写経して、被災寺院や被災地に僧堂の雲水がボランティアに行くたびに届けてもらっていました。

そんなある晩のこと、気仙沼のお寺から私に電話がありました。面識のないお寺ですので、何事かと思って電話に出ました。

気仙沼は津波で大変な被害がありました。そのお寺でも大勢のお檀家が亡くなり、最近再建されたばかりの諸堂が、本堂の柱と屋根を残してすべて流されたそうです。

そんな折りに鎌倉から雲水が来て、私の延命十句観音経が届けられました。和尚もどうしようもない絶望のどん底で、この延命十句観音経を唱えて頑張ろうと思ったと涙ながらに語られました。

こちらも驚きながら、お見舞いを申し上げ、私も必ずお参りさせていただきますと伝えました。

和尚も臨済宗であり、僧堂で修行も積まれた立派な布教師でもあります。しかし、そんなどうしようもないときには、やはり「観音様どうか、お助けください」と祈ります。祈るしかありません。


延命十句観音経は円覚寺では幼稚園でも毎朝唱えるお経です。普段親しんでいるお経ながら、改めて観音様のお慈悲に気がつかされました。

それからは、本山で法話をするたびに、もっぱらこの延命十句観音経を講話していました。それを冊子にまとめたのが『延命十句観音経のはなし』で、本山でお求めいただけます。ほぼ一年、何十回と話すうちに、さらに短い意訳が口をついで出てまいりました。

延命十句観音経　意訳

観音さま
どうか人の世の苦しみをお救いください

人の苦しみをすくおうとなさる
そのこころこそ仏さまのみこころであり
私たちのよりどころです
この仏さまのこころが
私たちの持って生まれた本心であり
さまざまなご縁にめぐまれて
このこころに気がつくことができます
仏さまと　仏さまの教えと
教えを共に学ぶ仲間とによって
わたしたちはいつの世にあっても
変わることのない思いやりのこころを知り
苦しみ多い中にあって
人の為に尽くす楽しみを知り
この慈悲のこころを持って生きることが
本当の自分であり
汚れ多き世の中で

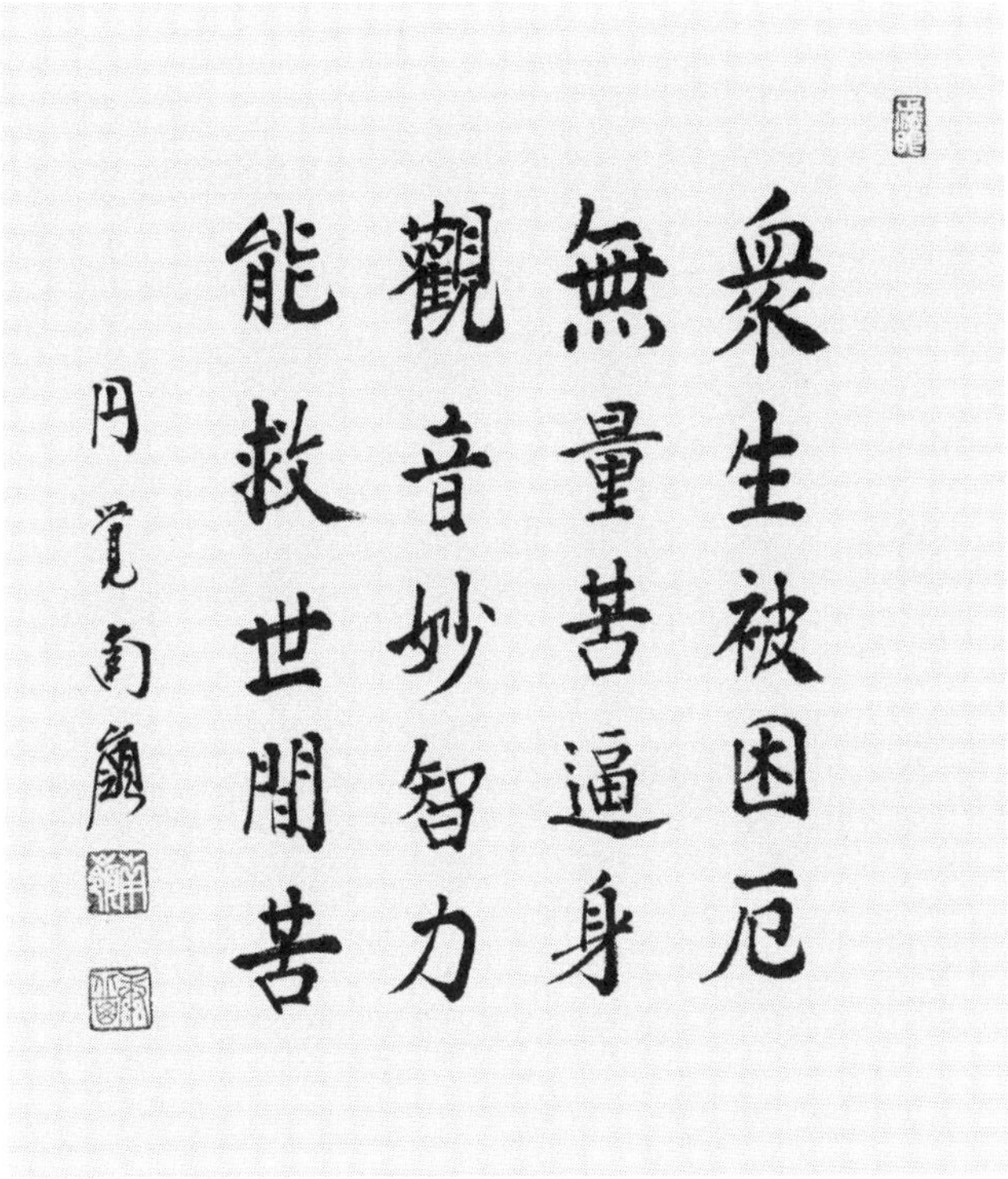
衆生被困厄
無量苦逼身
觀音妙智力
能救世間苦

清らかな道であると知りました
朝に観音さまを念じ
夕べに観音さまを念じ
一念一念　何をするにつけても
この思いやりのこころから行い
一念一念　何をするにつけても
観音さまのこころから離れません

気仙沼のお寺には、震災から一周年の時にようやくお参りが出来ました。まだ足の踏み場もないような本堂に、お亡くなりになったお檀家百五十名ばかりの遺影が祀られていました。こちらからお持ちした観音像を奉安して諷経してまいりました。

そんなご縁で、気仙沼の和尚には、六月に円覚寺派の住職の研修会に特別講師としてお越しいただきました。震災からまだ一年少ししか経たないときに、辛い体験を語っていただくのは申し訳ないことです。しかしながら、現場を体験された和尚のお声を聞きたいと無理を申し上げました。

私が、延命十句観音経のご縁を話して和尚を紹介しました。はじめ演台にたたれた和尚は、言葉が出ずにただ涙を流されました。「あの延命十句観音経をいただいた時のことを思うと言葉が出ません」と。津波の壮絶な体験は息をのむ思いで拝聴しました。最後に語られた言葉が忘れられません。

「人間、極限には祈りしかない。理屈はいらない。力の限りお経を読むばかりだった。葬式無用、お墓もいらないなどというのは、何事もない時に言うことである。お寺や和尚が地域のよりどころであり、お墓やお仏壇が家庭のよりどころである。手を合わせ祈るなかで、安心を生み出す」と。

観音経の言葉に「衆生困厄を被り、無量の苦、身に逼《せま》らんに、観音妙智力、能く世間の苦を救いたまう」とあります。人々が苦しみにせめられる時に、観音さまはお慈悲の力で苦しみを救いくださるという意味です。

お彼岸を迎えます。改めてお寺やお墓にお参りして手を合わせて祈りましょう。

（『円覚』平成二十四年秋彼岸号）

忍をいだいて

「いいですか、堪え忍ぶことですよ。何があっても堪え忍ぶのです」

大学を卒業して僧堂の修行に出かけるときに、師匠の小池心叟老師が私を表の通りまで見送ってくれ、嚙んで含めるように、こう言ってくださいました。

そのときにはまだ、この「堪え忍ぶこと」がどれほど大変なことかも、まだ何も分からず、師匠のこの親切なお示しこそ、修行の要であることなど知るよしもありませんでした。道場で修行僧達を預かるようになって十五年、この頃になって、なるほど「修行とは堪え忍ぶこと」に尽きるとつくづく思って、若い修行僧達にも説き聞かせています。また、指導する側にもなお一層必要であります。

かの文豪夏目漱石も参禅した釈宗演《しゃくそうえん》老師は二十代の半ばで禅の修行を終え、さらに慶應義塾に学び、その上セイロン（スリランカ）に行って本格的な釈尊の教えを学ぼうとされました。その出立に当たって師匠の今北洪川《いまきたこうせん》老師が宗演老師に書き与えた手紙が今も東慶寺に残っています。

洪川老師は遠く異国の地に修行にゆく弟子に、「羅云忍辱経《らうんにんにく》」というお経の言葉を引用して、ただひたすら「忍」の一字を説いて聞かせました。

「羅云忍辱経」はお釈迦様が、弟子であり、また実の子でもあった羅云ことラゴラ尊者に語った教えです。

あるときにラゴラ尊者が、同じお釈迦様のお弟子である舎利子と共に町を托鉢していました。そのときに暴漢に襲われてラゴラが怪我をしてしまいます。

先輩に当たる舎利子はラゴラに、仏弟子たるものはいかなることも堪え忍び決して怒りをいだいてはならぬと説き聞かせます。ラゴラも普段お釈迦様の教えを学んでいますので、「はい、このような痛みは一瞬のものです。むしろ彼の方が長く苦しむことになるでしょう。気の毒なのは彼の方です」と答えます。

お釈迦様の元に帰った二人は、その出来事を報告します。お釈迦様は怪我をさせられても決して怒らず堪え忍んだラゴラを褒めて、さらに「忍」のすばらしさを説いて聞かせました。

「忍は安宅為《あんたくた》り（堪え忍ぶことこそ安らかな家であること）」

「忍は良薬《りょうやく》為《た》り、能《よ》く衆命《しゅみょう》を済《すく》う（忍こそ良薬であり、多くのいのちをすくうこと）」
「忍は大舟《だいしゅう》為《た》り、以て難《かた》きを渡るべし（忍は大きな船のように、困難な世の中を渡ってゆけるものであること）」
「世は恃《たの》む所無し、唯だ忍のみ恃《たの》むべし（忍こそがこの世の頼りとすべきものであること）」
など。

その中に「忍を懐《いだ》いて慈を行ずれば、世々怨《うら》み無し。中心恬然《てんぜん》として終《つい》に悪毒無し」という言葉が出てまいります。

自分の身に降りかかったことは堪え忍んで、むしろ自分に辛く当たる者こそ、かえって気の毒な者であると慈悲のこころで思いやれば、どんな目にあっても怨み心は起こらないし、心はいつも穏やかで、悪いことは起こらないという意味です。

堪え忍ぶばかりでなく、むしろ相手を思いやるこころの広さです。お釈迦様は「なごやかさによりて怒りに勝つべし」とも説かれました。怒り腹立つ者に対して、穏やかに和やかにして打ち勝ちなさいということです。

どんな人にも仏心は具《そな》わっています。ただ残念なことにそのことを見失っています。そのことがお気の毒なのです。むしろ、こちらから慈悲のこころをもって憐れんでゆきます。

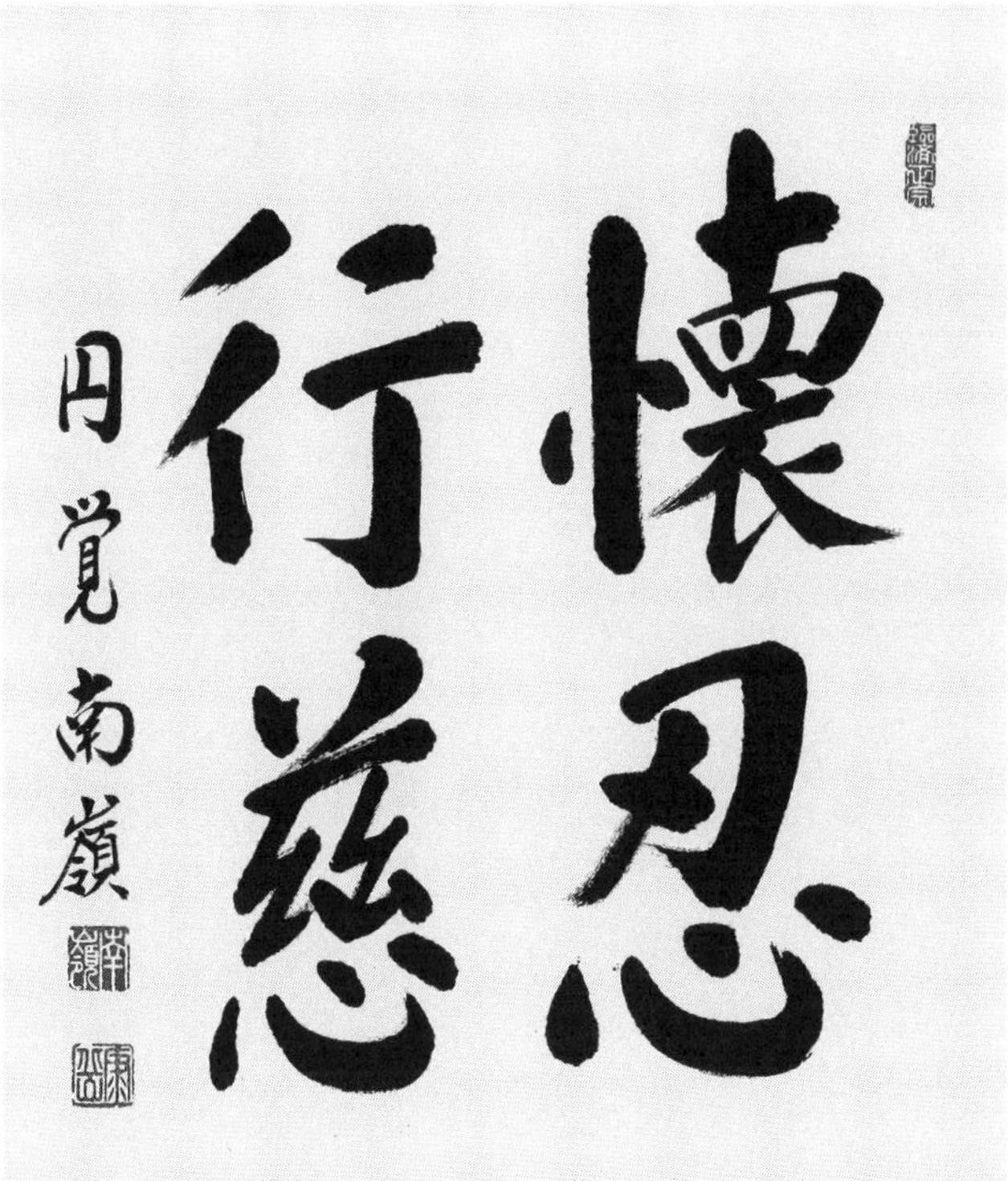
懐忍
行慈
円覚南嶺

そこに安らかなこころが生まれます。

さらには、ただ堪え忍ぶばかりでなく、お互いによい方向に向かってゆくように努めることが大事です。そのために改めることは改めるよう勇気を持つことも必要です。

春になると新しい学校や、会社に入る方も多いかと思います。修行道場にも新しい修行僧がやってきます。どうか行く先は決して闇ではなく、光があると信じて、辛いことも一時のことと堪え忍んで、乗り越えてほしいと念願します。


（『円覚』平成二十五年春彼岸号）

延命十句観音和讃

今年の三月は、東日本大震災から丸二年経ち、各地で様々な追悼の行事が行われました。三月十一日は鎌倉でも、震災以来神社の神官、寺院の僧侶、キリスト教会の神父さんたちが一堂に集まって、祈りの儀式を続けてきました。

今年は、鎌倉雪の下のカトリック教会で、八幡宮の宮司様をはじめとする神職方と建長寺の管長猊下をはじめとする仏教界の僧侶たちが、キリスト教の方々と一緒に、追悼と復興の祈りを捧げました。仏教界の法要では、順番で私が導師を務めさせていただきました。

それに先立って、私は岩手県と宮城県の被災地の寺院をお参りしてきました。臨済宗妙心寺派の若手の和尚様方を中心に、京都の若い仏師富田睦海師に協力して、被災地のご遺族にお地蔵さんを彫って差し上げようという、「わらべ地蔵の被災地へ」という活動があります。私も微力ながら応援してきました。

松島の瑞巌寺で、震災三回忌の法要に合わせて、ご遺族に直接「わらべ地蔵」を差し上げる儀式があり、そこで法話をしてほしいと頼まれて、お話してまいりました。

その前に、大船渡には円覚寺で修行なされた和尚様がいらっしゃり、大変な津波の被害を受けたと聞いていながら、まだお参りも出来ずにいたので、この機会にお参りしてきました。さらに陸前高田のお寺にお参りし、今までご縁をいただいていた気仙沼のお寺もお参りしてきました。

大船渡、陸前高田、気仙沼、どの地域も津波で大変な被害を受けたところばかりです。現地にお参りしてみて、改めて復興はまだまだ遠いと思い知らされます。現地の和尚様も「復興なんてどこにあるのか」とこぼしていらっしゃるほどです。

一年ぶりに気仙沼を訪れましたが、かつて町のあったところは、見渡す限り荒涼たるままです。瓦礫だけは片付いてはいますが、復興と言うにはほど遠いものです。

ひとつだけ新しい工場が目に入りました。お寺の和尚様に「新しい工場ですね」と声をかけますと、「管長さん、あれは瓦礫焼却場です」と言われ、現地が今置かれている状況を改めて思い知らされました。

気仙沼のお寺も、震災三回忌の法要の支度に追われていました。和尚様にご挨拶して、

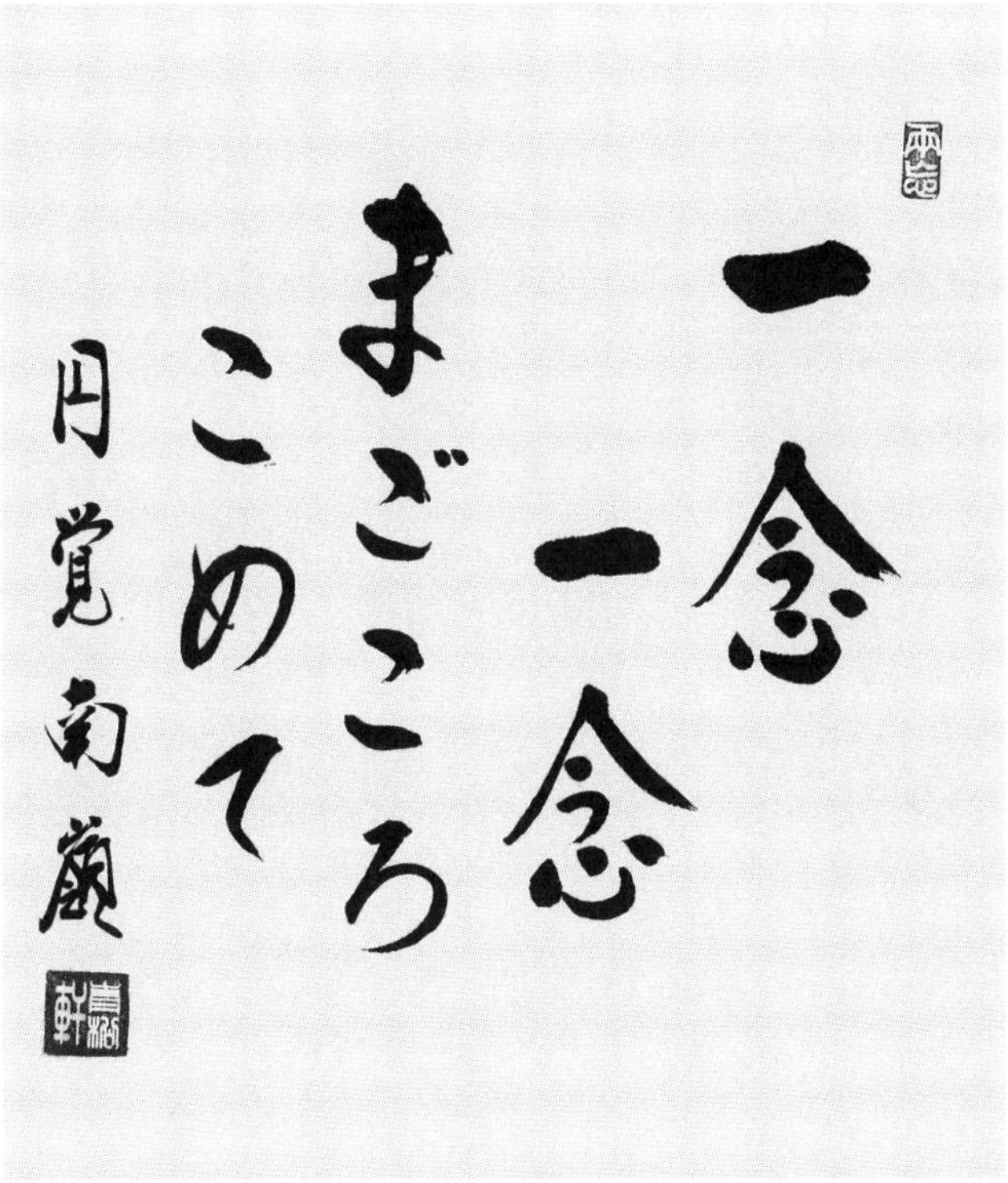
一念一念
まごころ
こめて

本堂でお参りさせていただきました。一年前には、まだ足の踏み場もなく、お亡くなりになったお檀家約百五十名のご遺骨、お写真がずらっと並んでいて、声を呑む思いがしました。

さすがに二年経つと、お寺の中はかなり修復されています。お参りしてふと、経机を見ると、「延命十句観音経意訳」のプリントが置かれていました。これは前にも触れましたが、私が円覚寺で延命十句観音経の話を何度も繰り返すうちに、出来た意訳です。

思わずうれしくなって、「和尚さん、この意訳を読んでくれているのですか」と聞くと「ええ、いつも法事のたびに、皆でこれを唱和しています」と答えてくださいました。何と有り難いことかと、感激しました。

お経は古来、無心に読むのがいいと教わってきました。そのために、あえて漢字のまま棒読みにしたり、またインドの梵語のままを唱えたりしています。無心に読む、頭を空にして、おなかに力をこめてひたすらお読みする、これも大事なことであり、こころを慰める大きな力があります。

しかしながら、お釈迦様は決して難しい漢文のお経を教えられたわけではありません。インドの方言のような言葉で語られたと伝えられています。その土地の人に分かる言葉で語りかけられたのが、お経でした。

意味を味わい、心の糧とする読み方もありましょう。孔子は「仁人は人を送るに言をもってす」と言われました。人を送るのに物ではなくて、言葉を贈ると説かれたのです。被災地へたくさんの支援物資を送ることも大切です。しかし、被災地のお寺にこころの支えとなる言葉をお送り出来たことは、有り難く存じます。

延命十句観音経は幾たびも話し、意訳もいろんな方々に差し上げてきましたが、もっとも悲惨な体験をされた被災地の方々が一番大事にしてくださっていました。

鎌倉に帰って、折角ならもう少し唱えやすいものは出来ないかと考えるうちに、ふと和讃が口を衝いて出てきました。

延命十句観音和讃

大慈大悲の　観世音
生きとし生ける　ものみなの
苦しみ悩み　ことごとく
すくいたまえと　いのるなり
苦しみのぞき　もろともに

しあわせいのる　こころこそ
われらまことの　こころにて
いのちあるもの　みなすべて
うまれながらに　そなえたり
ほとけの慈悲の　中にいて
むさぼりいかり　おろかにも
ほとけのこころ　見失い
さまようことぞ　あわれなる
われら今ここ　みほとけの
みおしえにあう　さいわいぞ
おしえを学ぶ　仲間こそ
この世を生きる　たからなり
われを忘れて　ひとのため
まごころこめて　つくすこそ
つねに変わらぬ　たのしみぞ
まことのおのれに　目覚めては

清きいのちを　生きるなり
朝に夕べに　観音の
みこころいつも　念ずなり
一念一念　なにしても
まごころよりは　おこすなり
一念一念　観音の
慈悲のこころを　離れざり

これは、自分で作ったというより、観音様のお言葉だと受け止めています。今年も、機会あるごとに、延命十句観音経のお話を続け、この和讃を紹介して、皆で祈ることを大切にしたいと思っています。祈ることの大切さも、震災で学んだ一番のことです。お盆の季節、お亡くなりになった方にご供養申し上げます。お釈迦様は、「遠くの者にも近くの者にも慈しみのこころを起こしなさい」と説かれました。被災地にも、またお盆が訪れます。お亡くなりになった多くの方たちの御霊に手を合わせ、観音様にまごころこめて祈りましょう。

（『円覚』平成二十五年うら盆号）

いのりはひとつ

東日本大震災からちょうど一ヶ月経った、平成二十三年四月十一日に、鎌倉では、鶴岡八幡宮に、鎌倉の神社仏閣の神主、僧侶、それにキリスト教会の神父さま達が、一堂に集まって、祈りをささげました。

鎌倉には、鶴岡八幡宮を始めとして鎌倉宮、荏柄天神などの神社があり、仏教の寺院は百ヶ寺ほどあります。それにキリスト教の教会もあります。

お互い鎌倉にいても、普段直接交流することはありませんでした。八幡宮の宮司さんにしても建長寺の管長さまにしても鎌倉を離れて、よその行事でお目にかかる機会はあっても、鎌倉ではお目にかかることは稀でした。

それが、震災を機に皆がひとつに集まろうと、主に仏教界から呼びかけが始まりました。諸宗教の中には他の宗教との交流を好まないところもあったようですが、鎌倉仏教会の仲田会長の「いのりはひとつ」との言葉に、理解いただいて集まりました。

八幡宮の舞殿に各宗教の代表が上がって、それぞれに祈りをささげました。神社界は八幡宮の神官達を中心に大祓の祝詞を捧げ、仏教界では建長寺の管長さまが偈を唱えられ、さらにキリスト教の神父さま方が祈りをささげました。

神道、仏教、キリスト教の祈りがひとつになって、私も参列して感動いたしました。

震災の翌年の三月十一日には、建長寺に神官、僧侶、神父さま達が集まりました。その時には建長寺の境内に、およそ七千人もの方が集まり、午後二時四十六分、鎌倉の宗教者達と参詣の方々七千人が、咳《しわぶ》きひとつせずに祈りました。この時の感動も忘れられません。

震災から二年経って、今年の三月十一日には、鎌倉雪ノ下のキリスト教会に皆が集まりました。教会の十字架のもとで、八幡宮の神官達が祈り、仏教界では、私が導師をつとめて偈を唱えて祈りました。教会で禅宗の偈を唱えるのは、おそらく初めてのことでしょう。しかしながら不思議と違和感はなく、荘厳な雰囲気は変わらないと感じました。

震災を機に始まった、この諸宗教がひとつになった祈りを、このまま終わらせてはいけないと、主に仏教の若手僧侶を中心に活動が始まり、このたび「鎌倉宗教者会議」が発足しました。

鶴岡八幡宮の吉田茂穂宮司を会長に、仏教界から鎌倉仏教会の仲田会長と私と、それに鎌倉雪ノ下キリスト教会の神父さまが副会長に就任しました。

六月の下旬に発足の会が、八幡宮で催されました。その折りに、会長の吉田宮司は、ご自身の体験談をもとに「真実の祈りは、国境を越え、宗派を超えて共鳴し合いひとつになる」と説かれました。

私はその隣席にあって、このお言葉に深く感銘を受けました。まさに「祈りはひとつである」と確信し、微力ながらこの宮司さまをお支えして、勤めてゆこうと決意しました。

お釈迦さまは、「いかなる生き物、生類であっても、一切の生きとし生けるものは、幸せであれ。あたかも母が己が独り子を命を賭けても守るように、一切の生きとし生けるものどもに対しても、無量の慈しみの心を起こすべし。また全世界に対して無量の慈しみの心を起こすべし。立ちつつも、歩みつつも、坐しつつも、臥しつつも、眠らないでいる限りは、この慈しみの心づかいを、しっかりと保て」と説かれました。

祈りは決して自らの願望のみではありません。いのちあるものが皆幸せであるように祈

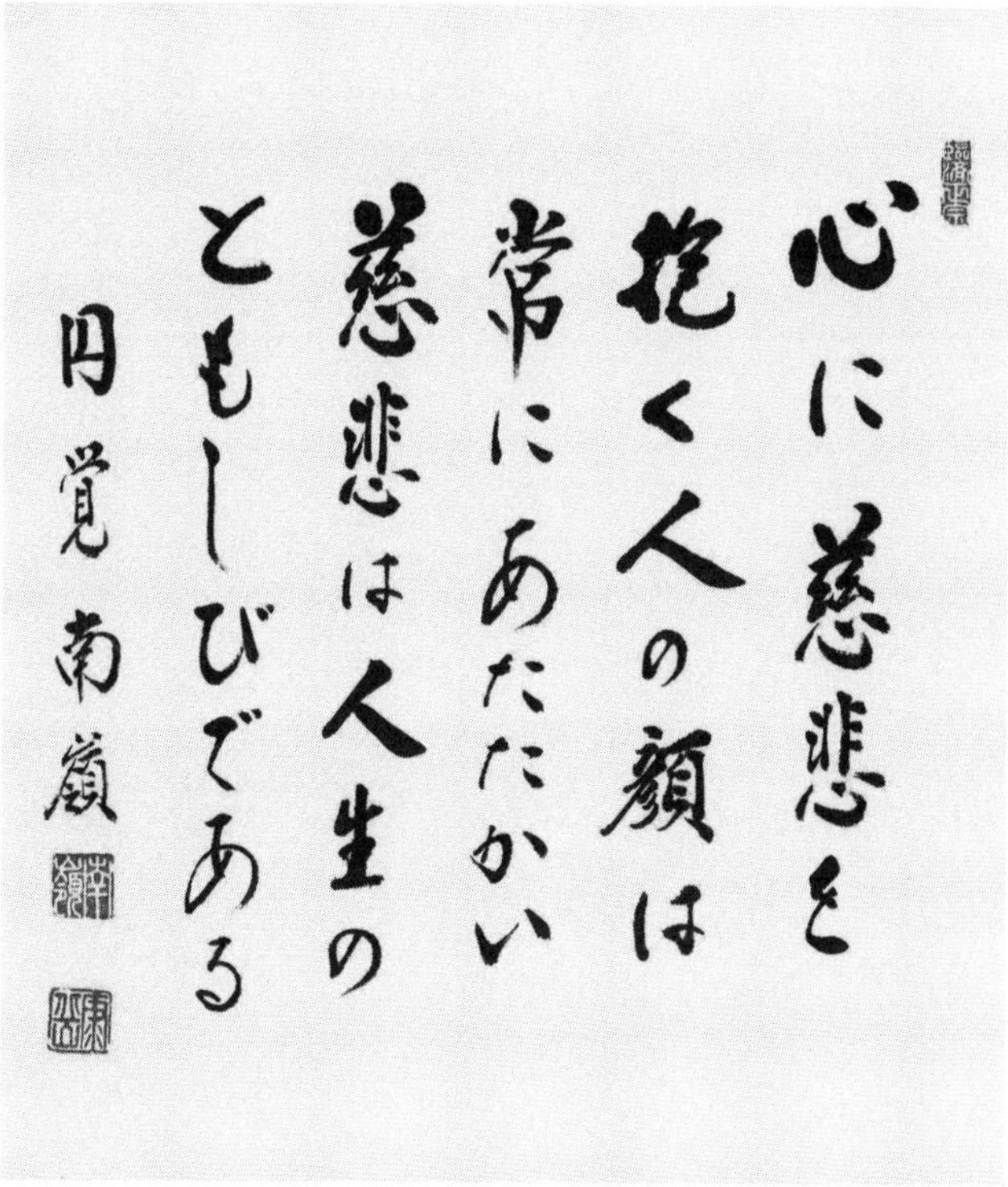
心に慈悲を
抱く人の顔は
常にあたたかい
慈悲は人生の
ともしびである
円覚南嶺

り願う、これこそ国境を越え宗派を越えた祈りです。

皆の幸せを祈ることによって、私達が本来もって生まれた仏心、慈悲心が目覚めます。祈ることは決して無意味ではありません。まず、祈る人の心が変わってきます。

朝に夕に手を合わせて、いのちあるもの皆の幸せを祈りましょう。

（『円覚』平成二十五年秋彼岸号）

「消えないもの」を求めて

「送臘迎春」という慶賀の言葉があります。平成二十五年が過ぎ、新しい二十六年を迎えます。

しかしながら私は、過ぎた二十五年を振り返ると、いまだに複雑な思いにかられます。いろんなことがありました。

昨年の春には、被災地、岩手の陸前高田や大船渡、宮城の気仙沼などを訪ねて、震災三回忌の法要を勤めてきました。

その折、震災から丸二年の現地を目の当たりにしました。まだ復興などにはほど遠い荒涼たる大地に立った時の思いを忘れられません。現地での三回忌の法要で短い法話もしましたが、どれだけお経を読もうとも、どんな言葉を説こうとも、とても届くものではない、深い深い悲しみを思うと、無力感にうちひしがれてきました。

夏には、高校時代からのご縁をいただいていた、仏教詩人の坂村真民先生のお眠りになるお寺が、全焼しました。坂村先生の詩の原点とも言える、重要文化財の一遍上人像も焼失したとの報せには、耳を疑いました。もう二度とあの一遍上人像を拝むことはできない、何とも言えぬ思いでした。

秋には、故郷紀伊半島の大水害から丸二年の追悼講演会に招かれて、和歌山県新宮市でお話をしてきました。平成二十三年の九月四日、紀伊半島では、大水害で多くの方が亡くなりました。二年経って、かなりもとの暮らしに戻りつつはありますものの、復興はまだまだです。

そうかと思えば、その後間もなく、東京五輪の開催が決定して、連日新聞紙面を賑わしました。明るい話題が出て、うれしいはずなのですが、どうにも素直に喜べない気持ちでした。

五輪決定は喜ばしいものの、その報道と同じく、原発の汚染水の問題もまた連日報道され、収まる気配もありませんでした。

光と影、その両面を目の当たりにして何とも言えない思いをしておりました。

お釈迦様は、「天地を観て非常を念じ、世界を観て非常を念じ、霊覚を観ば、即ち菩提。

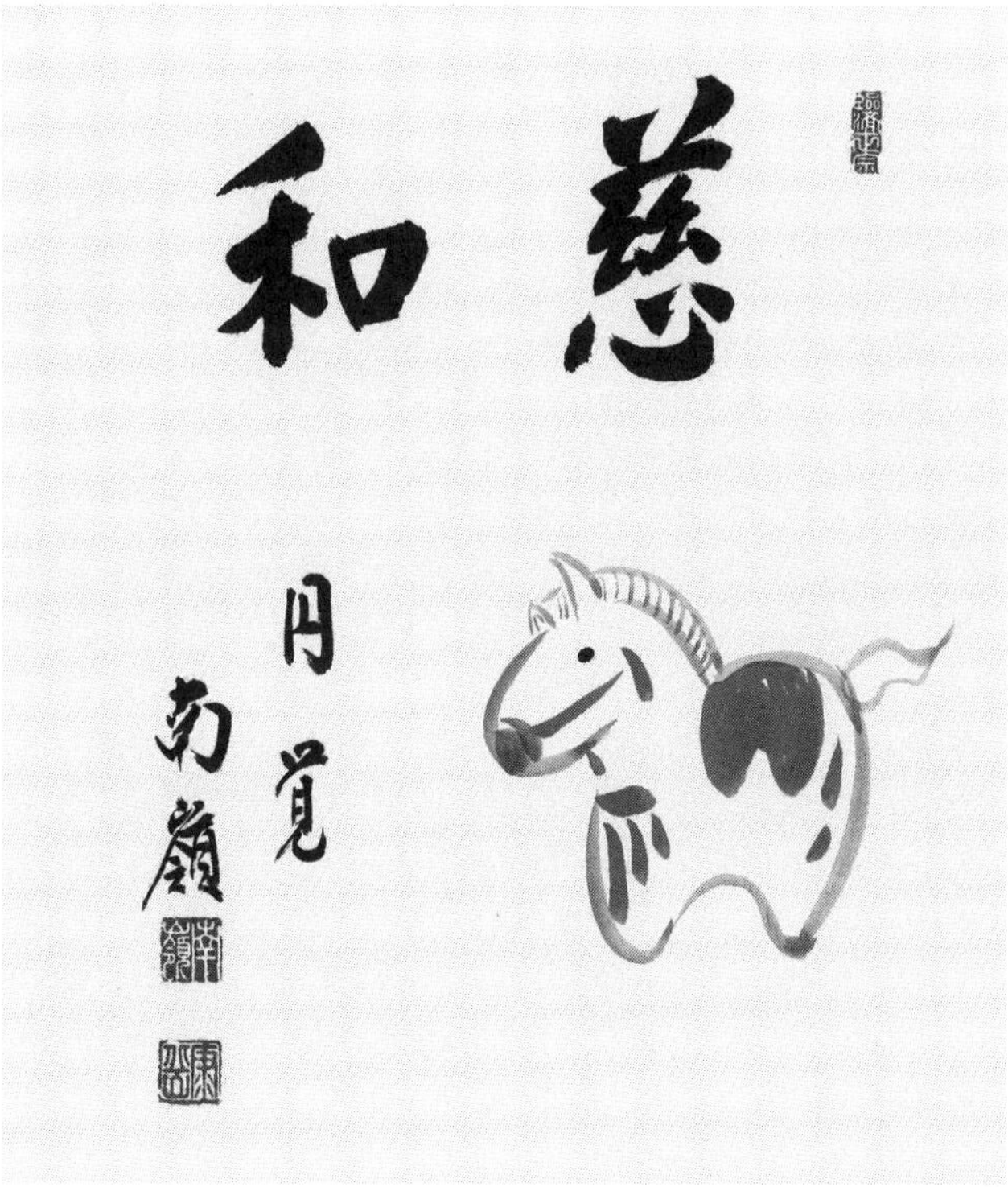
慈和
円覚
南嶺

是の如く知識すれば道を得ること疾し」（四十二章経）と説かれました。

天地の無常、この世界の無常をよく心に念じて、そこに変わることのない、まことの心を見いだせば、悟りを得ることは早いという意味です。

天地の無常を観て、私達は何に気がつけばいいのでしょうか。


秋の紀伊半島大水害の追悼講演に出かけた時には、折からの台風の影響もあって、大雨でした。大雨洪水警報も出されて、講演会の開催も危ぶまれました。地元の方も二年前を思い出すようだというほどの豪雨でした。

しかしながら、「念ずれば花ひらく」と申しましょうか、奇跡的にも講演会の小一時間前には警報が解除され、私が講演会場に着いた時には雨もあがり、控え室に入ると窓の外には、きれいな虹が見えました。きれいな虹だなと市長さんと眺めていると、さらに西の空は見事な夕焼けに染まりました。

無常である、変わりゆくことは、決して辛いこと、悲しいことばかりではなく、良い方へ明るい方へと変わることもあります。

明るい方へと変わってゆく、希望を忘れてはなりません。

どんなに辛い、悲しい目に遭っても、人はやはりお互いを思いやって生きるものです。

変わる事のない、思いやりの心の大切さにも気づかされました。
坂村真民先生に「消えないもの」という詩があります。

消えないものを求めよう
消えないものを身につけよう
消えてゆく身だけれど
消えないものがある
それは愛
そして真心

今年の三月には東京の国際フォーラムにある「相田みつを美術館」で「相田みつをと坂村真民展」が開かれます。このお二人は、円覚寺で出逢っています。お二人とも、禅に参じて独自の詩を作り、書を書いて、いつの時代にも変わらぬ人の心を大事にされた方です。
新しい年を迎えて、やはり希望を失わずに、消えることのない、決して変わることのない、お互いの真心を信じてゆきたいものであります。

（『円覚』平成二十六年正月号）

腰骨を立てよう

近年、円覚寺に坐禅に来られる方はとても多くなっています。毎朝、仏殿での暁天坐禅会や、毎週土曜日の土曜坐禅、それに第二、第四日曜日の日曜説教坐禅会など、どれもとても盛況です。坐禅するために時には行列ができるほどです。

他にも修学旅行の折に、小学生達が坐禅を体験したり、企業の新入社員研修、あるいは海上自衛隊の坐禅研修にいたるまで、実に多くの方々が円覚寺で坐禅をなさっています。

最近は第一日曜、第三日曜（第五日曜もふくむ）にも坐禅ができるように新たに坐禅会を設けています。日曜日はいつも円覚寺に行けば坐禅できるようになっています。

坐禅をするのに、その人それぞれの目的を持っているのだろうと思われますが、私は初めて坐禅をなさる人たちには、まず「腰骨を立てましょう」と申し上げています。毎月第二日曜日の法話も必ず「先ず腰骨を立てましょう」の一声で始めています。

生涯を教育に捧げた哲学者でもある森信三先生は、「もし、しっかりした人間になろうと思ったら、先ず二六時中腰骨をシャンと立てることです。心というものは目に見えないから、まず見える体の上で押さえてかからねばならぬのです」と、お教えくださっています。また「常に腰骨をシャンと立てること、これ性根の入った人間になる極秘伝なり」、「腰骨を立てることはエネルギーの不尽の源泉を貯えることである。この一事をわが子にしつけ得たら、親としてわが子への最大の贈り物といってよい」とも仰せです。

腰骨を立てることを端的に「立腰《りつよう》」とも申します。立腰の要領は、次の三つなのです。第一、先ず尻をウンと後ろに引き、第二に腰骨の中心を前へウンと突き出し、第三に軽くあごを引いて下腹にやや力をおさめるのです。

また腰骨を立てているとどんな良いことがあるかというと、立腰功徳して、一、やる気がおこる、二、集中力が出る、三、持続力がつく、四、頭脳がさえる、五、勉強が楽しくなるなど、いいこと尽くめなのです。

腰骨をシャンと立てて、下腹（丹田）に気力をこめて、ゆっくりと息をします。それでこころが落ち着いてきます。こころが落ち着いてこそ、はじめてありのままの様子が見えてきます。それが智慧です。

坐禅をするのは、ただ無心になって何も感じないのではありません。正しい智慧を生み出すのです。私を勘定にいれないで冷静な判断ができることが智慧です。

よく考え事をしている時の姿勢を思い浮かべてみると、いかがでしょうか、腰が曲がって背中を丸めて、アゴに手を当てて「思案投げ首」になっているのではないでしょうか。姿勢が悪くなるとバランスが悪くなりますので、かえって余計な力が必要になって、疲れやすくなってしまうのです。そうなると更に集中力が低下してイライラしたりします。

たまに電車に乗ると、お若い方がイスに浅く腰掛けて、背中を丸めて携帯電話を操作するのに夢中になっているのをよく見かけます。ああいう姿勢では、かえってあちこち体が凝ってしまいます。

正しく坐って背筋を伸ばしている方が本当は楽なのです。長時間坐ることができるのです。古来「坐禅は安楽の法門なり」と言われるゆえんでもあります。

普段はどうしても頭を使うことが多いと思います。考えることは大事なことでありますが、考えすぎはよくありません。頭に登った血を下げるには、お腹に力を込めることが有効です。古来東洋では、下腹を元気の源として「丹田」と称しました。

白隠禅師は、お若い頃にあまりに激しい修行のために身心を損なってしまい、丹田に気力を込める呼吸で健康を取り戻されました。その経験から、坐禅をする時に丹田に気力を込めてゆっくり息を吐くことの大切さを説かれました。

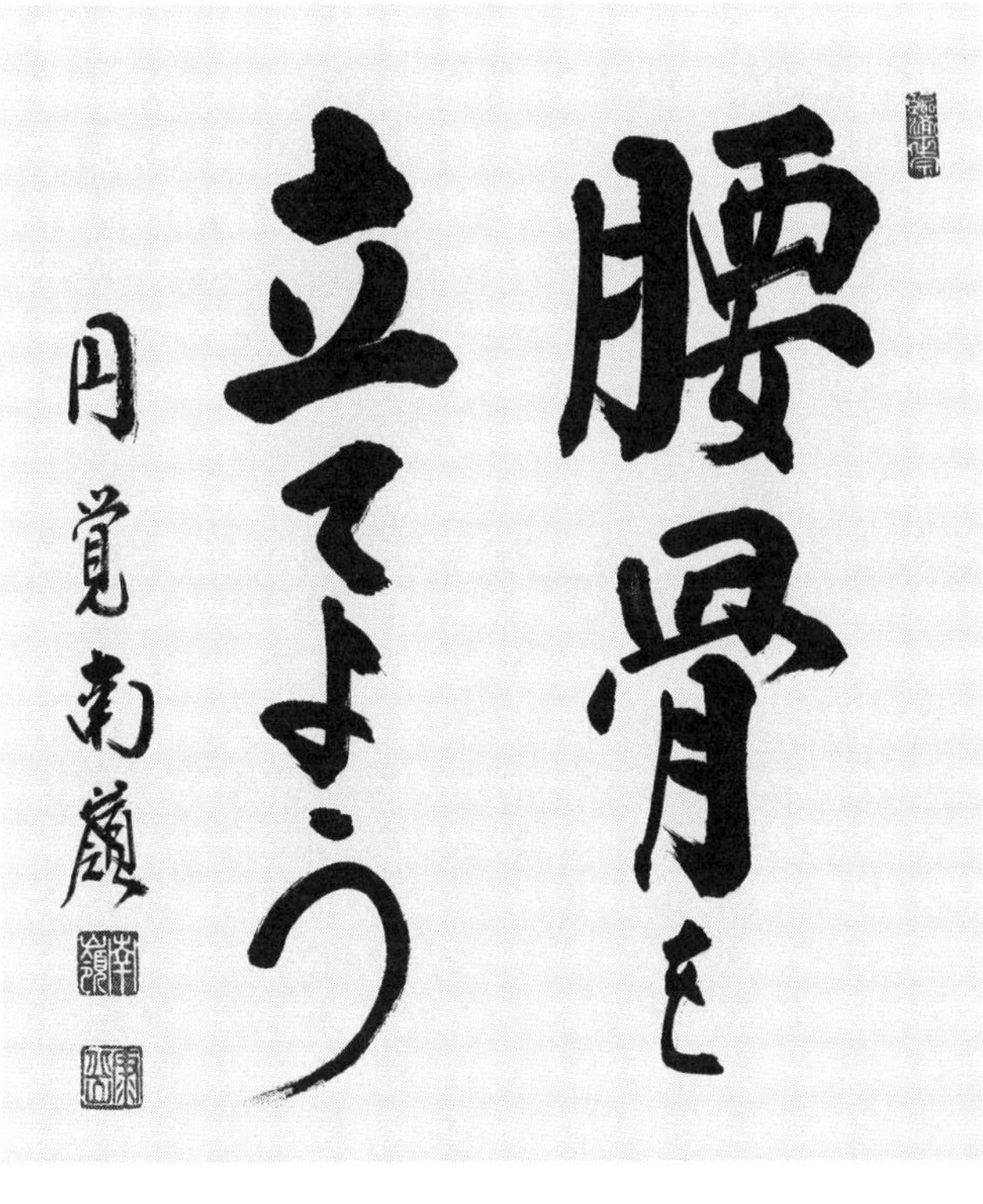
腰骨を立てよう
円覚南嶺

坐禅というとただ手を組み足を組んで、足の痛さに耐えるだけを思うかもしれませんが、大事なことは、腰骨を立てる、丹田に力を込める、長い息をすることの三つだと、私は申し上げています。

腰骨を立ててゆっくり呼吸していると、自ずと微笑むような、仏像のような表情になってきます。それは本来もって生まれた仏心が現れてきている証拠です。

穏やかなこころになってこそ、現実をありのまま受け容れて耐えることもできますし、もののいのちを大切にするようにもなりますし、お世話になったご恩返しに施しもできるようになってきます。「禅定」こそは、彼岸に到る修行の要です。

新入社員の方などには、イライラしたり、カッとなってはろくな判断はできない、まず腰骨を立てて、お腹に力をこめてゆっくり息を吐いてから、考えましょうと説いています。きっとよい智慧が浮かびます。そしてニッコリ微笑むようになれば、銘々もって生まれたすばらしい仏心が、慈悲のこころとしてはたらいてくるはずです。

それには、まず腰骨を立てましょう。

（『円覚』平成二十六年秋彼岸号）

II

いつくしみとおもいやり

今年は羊の年です。一説によれば、羊は八千年も前から飼育されていたとも言われます。おとなしく穏やかで、いかにも暖かそうな様子が思い浮かびますが、そんな年になってほしいと願っています。

昨年はさまざまなことがございました。虚子の句に「去年今年《こぞことし》貫く棒の如きもの」とありますが、さまざまある中にも、貫くものがなければならないと思います。

昨年の二月に京都での「宗教者駅伝」に、全日本仏教会の副会長として参加しました。世界の宗教者達とたすきをつなぎながら、一〇キロを走ってきました。「3・11 忘れない」のゼッケンを胸に、世界の平和を祈って走る「祈りの駅伝」でした。

鎌倉市でも鎌倉宗教者会議ができて、東日本大震災から、神道、仏教、キリスト教の宗教者達が、教えの違いを乗り越えて一つになって祈ることを始めています。

また昨年三月十一日には、東日本大震災より三年が経った日に合わせて、拙著『祈りの延命十句観音経』（春秋社）を上梓させていただきました。おかげさまで大勢の方々にお読みいただいて、この本によって新たなご縁もたくさんいただきました。

本にサインを求められると、いつも「慈」の一字か、あるいは「慈念」と書いていました。この本でもっとも伝えたい心です。

円覚寺の朝比奈宗源老師の前の管長様に、棲梧寶嶽《ほうがく》老師というお方がいらっしゃいます。釈宗演老師のお弟子でしたが、残念なことに在任わずか二年で遷化なされました。

その寶嶽老師のお言葉に、「仏の教えは経文七千、法門八万四千と頗る広汎であるけれども、之を詮じつめると一の菩提心となる。この菩提心は更に慈の一字に納まる。この慈を外にしては仏もなく法もない」とございます。あらゆるお経はこの「慈」の一字を説くと仰せになられたものです。

「慈」は文字通り「いつくしみ」であり、「深い愛」「父母の子に対する愛」を表します。「仏心は大慈悲なり」と申しまして、「慈」は仏さまのお心そのものであり、また我々の本来持って生まれた心でもあります。

「慈」ばかりを書くうちに、「慈恕《じじょ》」という言葉もあることを知りました。「慈恕」は、諸橋轍次先生の大漢和辞典によりますと、「あわれみおもいやる、いつくしみ深く思いやりに富む」とされています。

「恕」には「おもいやり」「ゆるす」という意味があります。

論語の中に、孔子の弟子の子貢が「一言にして以て終身、之を行ふべきもの有りや」と問うています。「ただひとことで、一生行なってゆくに値することばがありましょうか」という意味です。

それに対して孔子は、「それ恕か。己の欲せざる所、人に施すことなかれ」と答えました。「それはまず恕だろう。恕とは自分がされたくないことは、人にもしてはならないことだ」と答えられました。

人に対する思いやりの心が「恕」であります。

「慈恕」の語は仏典にも見られます。提婆達多にそそのかされた阿闍世王は、お釈迦様を殺害しようと企てて五百頭の象に酒を飲ませて酔わせた上で、こともあろうにお釈迦様を襲わせました。

慈恕
円覚 南嶺

象達は暴れてお釈迦様に近寄りますが、お釈迦様のおそばに来るや、みなひざまずいて地に伏せ涙を流して許しを乞いました。その様子をみた阿闍世王もすっかり改心してお釈迦様に許しを乞われます。

そのときに「願垂大慈恕我迷愚」、「願わくは大慈を垂れ、我が迷愚を恕《ゆる》したまえ」と言われました。「慈恕」の二文字が見られます。

また禅の語録などを見ても、優れた禅僧が「少より慈恕を以て閭里に聞こゆ」、「幼い頃からいつくしみおもいやり深いことで村では評判だった」と記されていたりします。

このように「慈恕」は、いつくしみ、おもいやり深く、人を許す広い心を表しています。

詩人の坂村真民先生は華厳経を詩で訳されて『念ずれば花ひらく経』を作られました。昨年複製をたくさん作って大勢の方に施本させていただきました。

その中に「海は仏のいのちの現れなのだ　だから海を見に行くがよい　大智の海　平等の海　無礙の海　無辺の海　無量の海　不生の海　不滅の海　ああ　あのくたらさんみゃくさんぼだいの　広大な功徳を知るために　海を見に行くがよい」と詠っています。

また真民先生には「海を見よ」という詩もございます。

「しんみんよ　海を見よ　お前の好きな　海を見よ　そしたら一切受容ということがよくわかるだろう　……仏陀の慈悲がわからないなら　海を見よ　海がそれを知らせてくれるだろう」（『坂村真民全詩集』第五巻より）

仏さまの心とは海のように広いものです。一切受容、すべてを受け容れる広さを持っている、それが本来の心です。それが仏心、持って生まれた心なのです。

ところが、黒住宗忠の歌に「海あれば山も有りつる世の中にせまき心をもつな人々」とありますように、いつの間にか人は狭い心でお互いに争ってしまいます。

真民先生に「ねがい」という詩があります。

あなたに合わせる手を
だれにも合わせるまで
愛の心をお与えください
どんなにわたしを
苦しめる人をも
すべてをゆるすまで
広い心をお授けください

（『自選坂村真民詩集』より）

東日本大震災から今年で四年が経ちます。今年の三月十一日は円覚寺で鎌倉市内の宗教者が集まって追悼と復興祈願の祈りをささげます。皆それぞれご縁のあるところで、慈恕の心を持って祈っていただきたいと願います。

世界には争いが絶えません。争いの無い世の実現を願って、いつくしみおもいやる「慈恕」の心を貫いてまいりたいと年頭にあたって念じてやみません。

（『円覚』平成二十七年正月号）

よき友

仏教詩人と呼ばれた坂村真民先生に、「生きてゆく力がなくなる時」という詩があります。

死のうと思う日はないが
生きてゆく力がなくなることがある
そんな時お寺を訪ね
わたしはひとり
仏陀の前に坐ってくる
力わき明日を思う心が
出てくるまで坐ってくる

この詩の題がそのまま題名になっている本がありました。いまは絶版になっていますが、昭和五十六年に刊行されています。私が初めて坂村真民先生のことを知ったのは、ふるさと和歌山県新宮市にいた高校生の頃に、この本を書店で購入して読んだ時でした。『生きてゆく力がなくなる時』という題名に何か心惹かれるものがあり、また読んでみると、真民先生も臨済宗のお寺で坐禅に励んでいらっしゃったことも分かり感動しました。そして先生に手紙を書いた事がご縁の始まりでした。

それ以来、毎月、先生が出していらっしゃった『詩国』という詩誌を、大学を卒業して修行に出るまで送っていただいていました。

この「生きてゆく力がなくなる時」という詩は、お寺のポスターなどにも使われ、あるお寺では、死のうと思っていた方がこの詩をじっと見つめていて、生きようという気持ちになったという話もございます。

ところで、この中の「そんな時お寺を訪ね」のもとは、「そんな時大乗寺を訪ね」でありました。大乗寺とは愛媛県の宇和島市にある、今日でも四国唯一の臨済宗専門道場（僧堂）のあるお寺です。

私には大学時代から共に坐禅していた友がいます。筑波大学には開学記念館の中に立派な坐禅堂があり、私も在学中サークル活動として坐禅をしていました。私の二年後輩に河野君という好青年がいて、私が卒業後は彼が坐禅会の中心となってくれました。

河野君は縁あって、埼玉県野火止の平林寺で出家して修行されました。私とは在学中も、さらに鎌倉の円覚寺に来てからもずっとおつきあいをいただいていました。「無二の道友」であります。

平成二十年にその河野君が、なんと宇和島の大乗寺の僧堂の老師として御住職されることになりました。初めてお寺に入るという儀式の日に、私も鎌倉から随喜しました。その時、初めて「ここが真民先生の坐禅されたお寺だ」と感慨深く訪ねました。

平成二十二年に私は円覚寺本山の管長に就任し、同じ年に河野徹山老師は正式に寺の住持となる晋山式をあげられました。

真民先生ゆかりのお寺に私の親友が入るというご縁の不思議を思いました。

平成二十四年東日本大震災からまる一年経った日に、愛媛県砥部町に坂村真民記念館が設立されました。河野徹山老師と共に開館間もない記念館を訪ね、さらに坂村真民先生のお墓にもお参り出来ました。

平成三十一年に没後二百年の大遠諱を迎える円覚寺の中興、大用国師誠拙周樗禅師は宇和島のお生まれです。昨年の秋に、円覚寺派有志の者で生誕地と縁のお寺を訪ねてきました。その折には大乗寺の河野徹山老師が終始親身になってご案内くださいました。

今や河野老師は四国唯一の僧堂を守り、雲水の指導にあたっておられ、今日の老師方の中でも私の最も尊敬申し上げる方であります。

そんな老師と大学時代からご縁をいただいて、修行時代も折に触れてご教導いただいてきました。よき友に恵まれることの有り難さを思います。

お釈迦さまのお弟子の阿難尊者がある時にお釈迦さまにお尋ねしました。

「よき友を持つということは、聖なる修行のすでに半ばを成就せるにひとしいと思いますが、いかがでありましょうか」と。

それに対してお釈迦さまは答えました。「阿難よ、そうではない。よき友を持つということは、聖なる修行の半ばではなく、そのすべてである」と。

坐禅は元来一人で行うものですが、長年修行を続けてゆくには、やはり一人ではくじけそうになることもあります。そんな時に同じ道を歩むよき友を持つことは、どんなにか心強いことでありましょう。

それゆえにこそお釈迦さまは、「よき友を持ち、よき仲間の中にあることは、修行のす

河野徹山老師（左）と著者（右）

べてである」と仰せになったのでありましょう。

お釈迦さまの教えは八万四千という膨大の経典の中に残されています。その経典の内容は「慈」の一字に尽きると申します。「慈」とはいつくしむことでありますが、インドの原語サンスクリットでは、マイトリー（maitrī）と言いまして、これは「ミトラ（mitra）」から造られた言葉、本来は「友情」「友人」の意味があります。「慈」とは、ある特定の人にだけ友情をもつのではなく、あらゆる人々に平等に友情をもつことです。

お釈迦さまは生涯修行者達に「友よ」と呼びかけられたと伝えられています。お釈迦さまにとっては、彼らは弟子というよりも一緒に修行する友であったのでしょう。またこのことからは、お釈迦さまご自身もご生涯通じて彼らと共に修行するのだという、尊いお心もうかがわれます。

春になれば学校では新入生を迎え、会社では新入社員を迎えます。希望に燃えて校門をくぐり、あるいは入社式を迎える方も多いことでしょう。それぞれの道の開けゆくことを念じてやみませんが、しかしお互いの道は容易ではなく、途中でくじけそうになることもありましょう。そんな時には何でも語りあえる友を持つことが大きな力になります。

善き友は
心の花の
添え木かな
円覚南嶺

禅語に、「手を把って共に行く（把手共行）」という語もございます。また道歌にも、「善き友は　心の花の添え木かな」とございます。真民先生には「共に」という詩があります。

花咲けば
共に眺めん
実熟せば
共に食《くら》はん
悲喜頒《わか》ち
共に生きん

喜びも悲しみも共に分かち合えるよき友を持つことは、生きがたいこの世の中を生きてゆく大きな支えであり、力になります。坐禅は一人でも出来ますが、仲間と共に坐ることも大切な修行であるのです。

（『円覚』平成二十七年春彼岸号）

つながりの中に生きる

今年は戦後七十年という大きな節目の夏を迎えます。また三月はオウム真理教による地下鉄サリン事件から二十年という節目でもありました。東日本大震災からは四年目の春でもありました。

今年の三月十一日は、鎌倉宗教者会議の主催で円覚寺において、東日本大震災追悼復興祈願祭が行われました。

鶴岡八幡宮を中心とする神官方やキリスト教会の神父牧師の方々、そして各宗派寺院の僧侶達、鎌倉の宗教者およそ百十名が集まり祈りをささげました。

あの日は、肌寒く風も強くて、平日でもあって、当初はどれほどの方が参詣してくださるか分からずに、パンフレットも何枚用意したものかと悩んでいたのですが、なんと予想を遥かに超える約一千五百名もの方々がお参りくださいました。改めて多くの方々が、大震災のことを心にかけ祈って下さっていることを知ることができました。

冷たい凧のふきすさぶ中、円覚寺の仏殿の前は、祈りの人々で満ちあふれました。有り難い限りでありました。

ちょうど一年前、気仙沼の地福寺さん達が円覚寺で詠ってくださった歌の一節を思い起こしていました。

「凧はまだ吹いてる　やんではいない　忘れないで……」

今年の追悼復興祈願祭の始まる前に、円覚寺の控え室で、鶴岡八幡宮の吉田茂穂宮司とお話しさせていただきました。

その折りに、宮司さんは、大震災のちょうど一年前の三月十日、八幡宮の大銀杏が倒れたことを話されました。宮司さんは、このことが宗教者の祈りが始まる一番のきっかけであったと仰いました。

八幡宮の大銀杏と言えば、樹齢千年とも言われ、たんに八幡様のみならず、鎌倉の象徴と言ってもいいくらいのご神木でありました。かの源実朝の事件にも出てまいります。そんな大木が震災の一年前、三月十日に倒れたのでありました。

宮司さんのご心痛はいかばかりであったか察するに余りあります。私にも「そのときには、もうどうしようかと思った」と心中を吐露されました。

そんなどうしようもない、茫然自失する中で、鎌倉市内にある寺院の若い和尚さん方が集まって、倒れた大銀杏にお経をあげにきてくれたらしいのです。このことが「本当に有り難かった」と宮司さんは語られました。祈ることで力をいただいたのです。

考えてみれば、いくらお経をあげても、もはや倒れた木は蘇りません。また神社でお坊さんがお経を読んで何になるかとお思いになるかもしれません。しかし、若い僧侶達が、「何か大銀杏のためにできることはないか」と集まって祈ってくれた、その心が有り難かったのでありましょう。

それからも、実に全国大勢の方々から宮司さんは励ましをいただいたと仰っていました。畏れ多くも天皇陛下もお見舞いをたまわったそうであります。倒れた木は仕方ないものの、多くの方々のおかげで力をいただいたと宮司さんは語ってくださいました。

そのちょうど一年後に東日本大震災が起こりました。宮司さんはご自身が大勢の方々から力をいただいたので、今度は自分が何かお役に立ちたいという思いで、率先して被災地の支援に尽されました。

そんな宮司さんのお心から、私達鎌倉市内の宗教者がひとつになって集まり祈ることが始まったのです。

日本は過去を振り返れば、自然災害の絶えない国でありました。地震、津波、火山の噴火、台風に水害と、何の災害もない年というのはありはしないと思われるほどであります。大自然の前に人は無力であります。そんな中で、人は心をひとつにして祈り、支え合い、悲しみを乗り越えてきました。

古来、我が国では、大きな戦乱や飢饉、災害などによって一度に大勢の犠牲者が出てしまった時には、それぞれ十分な供養もできないので、国家によって手厚く供養がなされてきました。

円覚寺も、鎌倉時代、元寇によって亡くなった大勢の戦没者を、敵味方を区別せずあまねく供養するために建てられました。

室町時代には足利幕府の国家的な鎮魂仏事として、夢窓国師が戦乱の犠牲となった人達を供養なさいました。代々の将軍によっても有縁無縁の御霊を供養する施餓鬼会が行われてきました。

今でも夏に各寺院で施餓鬼会が行われる由来でもあります。十分に弔われなかった御霊を供養することによって、施主の功徳も積まれるものと考えられていました。

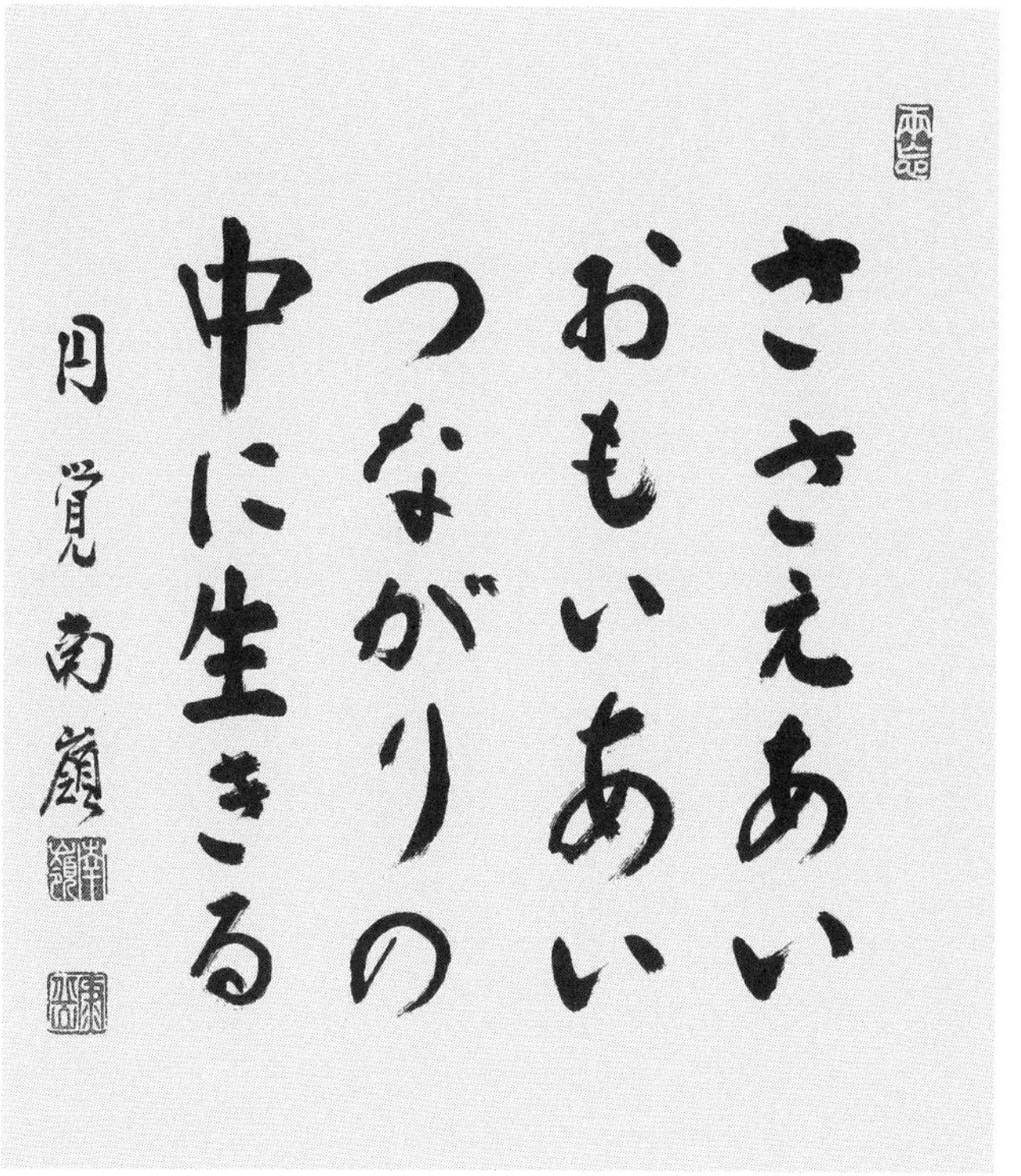
ささえあい
おもいあい
つながりの
中に生きる
円覚南嶺

先の太平洋戦争での戦没者の慰霊も、今なお政府によって行われていますし、また東日本大震災の慰霊祭も、政府によって天皇陛下ご臨席の下に行われています。

みなで心をひとつにして祈ることによって悲しみを乗り越えてきたのです。

『論語』の中には、「曾子曰く、終わりを慎み、遠きを追えば、民の徳厚きに帰す」とあります。「亡くなった人を丁重に弔い、先祖の供養を大切にしていれば、人々の徳は厚く向上する」ということです。

このように、古来より行われてきた追悼供養、施餓鬼会などには大きな意味があります。今日、簡素化と称してだんだんと亡き人のご供養などがおろそかになってきてはいないかと懸念されます。

また『論語』には「祭ること在《いま》すが如くし、神を祭ること神在《いま》すが如くす」ともございます。先祖をお祀りする時は、あたかもそこにご先祖がおられるように、敬虔な心で、お祀りをすることです。

お盆にご先祖の御霊が帰ってくるという教えも、ここでいう、そこにいらっしゃるように心をこめてお祀りすることの大切さを説いているのでしょう。

坂村真民先生に「霊迎え」という詩があります。

「麻《お》がらをたいてみ霊を迎える　三人の子供たちが言う　おばあちゃん　もうきたろうね　あのお月さんといっしょにきたね……」と詠われています。

こんな素朴な心に立ち返って、お盆には心を込めてお祀りしたいものです。人は一人では生きられません。一人ではとても乗り越え切れない悲しみもございます。そんな時に、お互いに支え合い、思い合い、祈ることによって、お互いのつながりを感じ取ることができます。そのつながりの中で生きる力を得ることができます。そこから明日への希望もわいてきます。

幸いにも鶴岡八幡宮の大銀杏は、新しいひこばえが今大きく育っています。何百年かの後には大木の姿が見られるでしょう。

（『円覚』平成二十七年うら盆号）

かすがいの話

和歌山県と三重県の県境には熊野川が流れています。この熊野川のほとりに、川原町と呼ばれた町があり、多い時期には二百軒もの家が建っていたようです。

町には宿屋、鍛冶屋、米屋、銭湯、飲食店などが並んでいました。興味深いことに、これらの家は、大雨が降って洪水の危険を感じると即座に家を解体し、それぞれ担いで高台に避難するのです。そしてまた水が引くと、川原に家を建てていました。

信じ難いような話ですが、私も幼い頃に実際に祖母からよく聞いていました。大水が出るたびに、お互いに「水が出るぞー」と声をかけ合って家を畳んで担いだというのです。このような家を「川原屋」と呼びますが、この「川原屋」は戦後間もなくなくなりました。今では新宮市に土産物屋として復元されています。

昔の人の智慧と言いましょうか、大自然に全く逆らうことなく簡素な住まいで、お互いに声をかけながら柔軟に暮らす様子は、今の時代にも学ぶべき精神が隠されているように思われます。

紀州は木の国であり、木材の町でありました。古くから木材を山で伐っては熊野川を筏に組んで流していました。私の生家は、そんな川原屋で鍛冶屋を営みながら、主に材木を筏に組むためのかすがいを作っていました。


幼い頃は、まだ我が家には鍛冶屋の面影が残っていましたが、父の代には鉄工所に切り替え、主に家屋の鉄骨を作るようになりました。そんな家に育ちながら、私は満二歳の時に祖父の死に遭い、煤けた火葬場のかまどに祖父のお棺を入れて火を付けるという体験を通して、死に対する大きな疑問を抱きました。

また小学校に入って、親しい友人の死にも遭い、ますます死に対する恐れや不安、疑念が湧いてきました。子供なりにさまざまな書物を読んだり、お寺や教会に通ったりもしました。そうした中で、円覚寺の朝比奈宗源老師の著書に一番心惹かれ、坐禅が一番問題を解決する道だと思うようになりました。

さいわいにも菩提寺の清閑院で坐禅会が催されており、夏の坐禅会に参加し、そこで由良の興国寺の目黒絶海老師にお目にかかることができました。中学生の頃には早くも独参を許されて公案もいただきました。そんな頃にお寺の坐禅会で、山本玄峰老師のお話をカセットテープで拝聴させていただきました。晩年に『無門関』を提唱されたものでした。

玄峰老師は、我が故郷の誇る偉人でありまして、その数奇なご生涯は子供の頃からよく聞かされていました。老師は江戸時代の終わる頃に紀州本宮町湯の峰にてお生まれになりました。言い伝えでは、生後すぐに、地元の素封家に貰われ養子となって育ったそうです。動乱の時代でもあり、あまり学校には行かれずに、山で木を伐ったり、筏流しをやられていたようです。

ところが、十九歳の頃に目を患い失明の宣告を受けます。まだ社会福祉も十分でない時代に目を患うことは大変なことです。もう死を覚悟して四国遍路をなされました。当時のことですから、もちろん歩いて、しかも素足で七まわりされて、八まわり目の三十三番札所で行き倒れてしまいました。その札所が臨済宗の雪蹊寺というお寺で、そこに逗留するうちに出家の志が芽生え、住職に出家を願い出ました。

「お坊さんになりとうございます」と言うと、住職は「おまえはそうなる人間だ」と答えます。「私のような字も読めない、目も見えない者でもお坊さんになれましょうか」と聞くと「お経を読むだけの通り一辺のお坊さんにはなれぬかもしれないが、心の目を開きさえすれば本当のお坊さんになれる」と、答えられたそうです。

それから玄峰老師は、五十歳で三島の龍沢寺に住職されるまで修行されました。目が見えて字が読めても、禅の修行をやり遂げることは大変なことです。坐禅の実践も大事であり、禅の語録を読む漢文の知識も必要です。玄峰老師は、毎晩皆が寝静まってから、ひそかに線香の灯りで勉強されたと聞いています。

人の何倍ものご苦労をされた老師は、白隠禅師の大道場でありながらも荒廃していた龍沢寺を、禅の修行道場として見事に再興され、「白隠禅師の再来」とまで称えられました。晩年には短い期間ながらも京都妙心寺の管長にもご就任されています。

私は円覚寺の朝比奈老師の本を読んで坐禅の道に心を決め、玄峰老師の話をテープで聞いて益々坐禅に打ち込んで、とうとう大学在学中に出家して今日に到りました。玄峰老師のご生涯とそのお話は、何よりのお手本でありました。

中学生の頃にNHKラジオで松原泰道先生の「法句経講義」を拝聴し深く感銘を受けました。そして松原先生に手紙を書いて上京し、お目にかかることができました。当時和歌山の田舎から出てきた私のことを泰道先生は「紀州から来た」「玄峰老師の田舎から来てくれた」と言って大事にしてくれました。

泰道先生のお導きのおかげで今日の私があります。その後、関東の大学に進学して挨拶に参りますと、大学の保証人にもなってくださいました。そして「坐禅するなら白山道場の小池心叟老師のところへ行きなさい」と指示してくださいました。

なぜ、泰道先生が見ず知らずの田舎の私を大事にしてくださったのか、それはひとえに玄峰老師の故郷から来たからだということでした。泰道先生は、晩年に到るまで「自分が今日あるのは玄峰老師のおかげだ」とよく仰っていました。

玄峰老師は、字も読めず目も見えず、坐禅一筋でたたき上げた禅僧です。それに対して泰道先生は、早稲田大学を出て、若くして禅の布教師として身を立てられました。今と違って当時の禅宗では、あまり布教を重んじていなかったようです。禅は黙って実践すればいいという風潮があったらしいのです。

ところが、あの坐禅一筋で来られた玄峰老師が、若い泰道先生をお認めになり、管長になってどこに行くにも泰道先生を連れてゆかれ、ご自身で「ワシの話はいいから、松原の話を聞いてくれ」と言って泰道先生を引き立てられました。そこで禅宗の世界でも布教が大事にされるようになってきたそうです。

泰道先生からこんな話を聞きました。戦後間もない頃、あるところで千人も収容できる当時としては珍しい大ホールができて、そのこけら落としに玄峰老師の特別講演会が企画

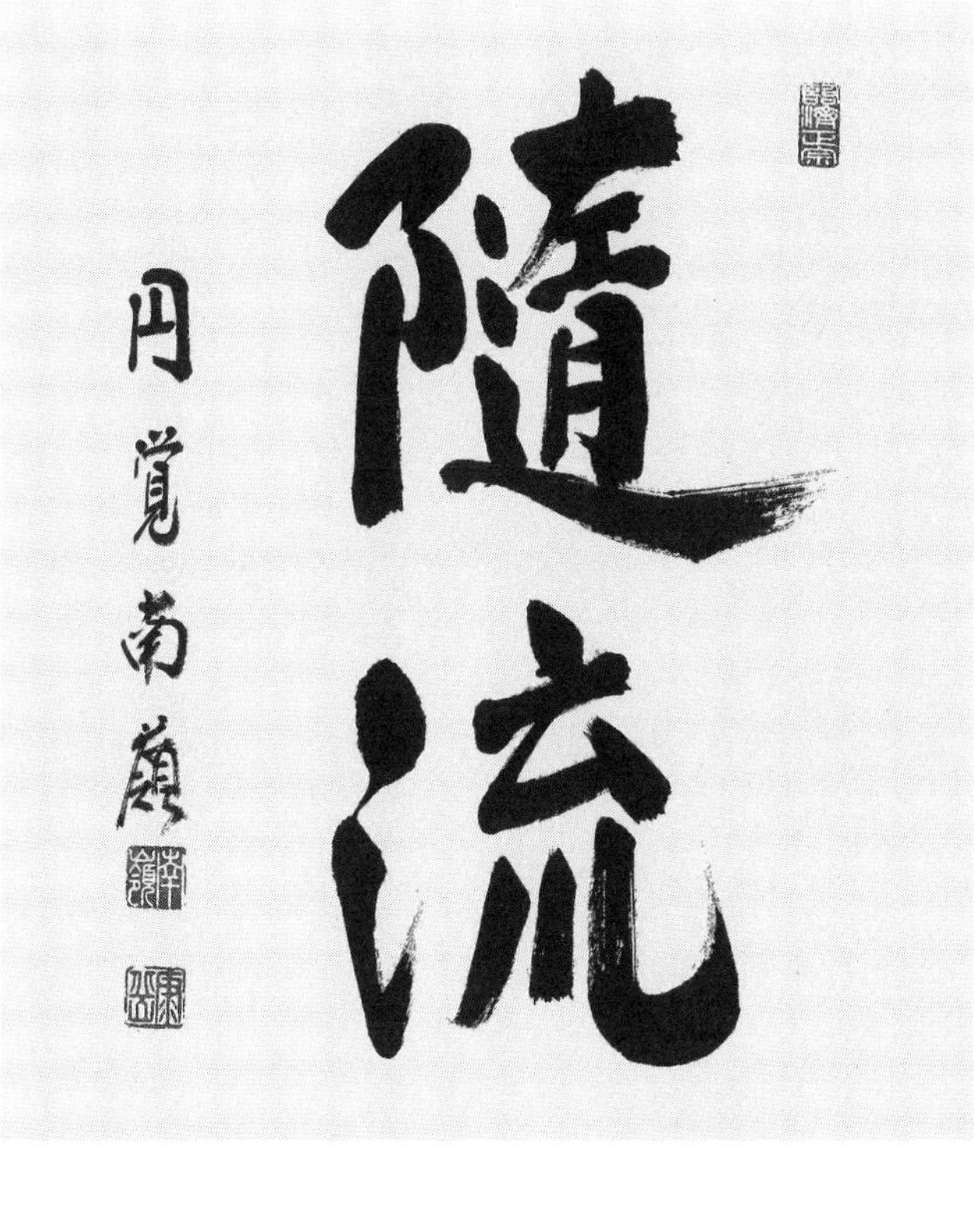
隨流
円覚南嶺

されました。例によって玄峰老師は、泰道先生を連れてゆかれ、ご自身はほんの数分挨拶をしたのみで、「あとは松原の話を聞いてくれ」と壇を降りられました。そして泰道先生が講演をなされました。

講演が終わって玄峰老師は泰道先生を控え室に呼ばれました。その日は折から台風が直撃して千人入るホールにたった五人しか聴衆がいなかったらしいのです。玄峰老師は泰道先生に言われました。「ワシは目がよく見えないから分からなかったが、今聞くと今日の聴衆はたったの五人だったらしいな。ワシもすみで話を聞いていたが、あなたの話は千人の時も五人の時も少しも変わりはしない。えらいもんだ。できんことだな」と褒められました。

その時、泰道先生は「はい、私はたとえ聴衆が一人でも話をいたします」と答えたのです。そうすると玄峰老師はすかさず「では、その一人がいない時はどうする」と詰問されました。これが禅の問答です。泰道先生はさすがに「私も誰もいなければ話はいたしません」と答えました。すると玄峰老師の雷が落ちました「バカモン、禅宗の坊さんなら誰がいなくても坐禅する、お念仏の者は誰がいなくてもお念仏をする。おまえさんも誰がいなくても話をしろ」と言われたのでした。そしてその後「しかしな、誰も聞いていないと思うなよ、壁も柱も聞いておるでな」と仰ったというのです。

泰道先生は、この一言で布教の眼を開かせてもらったと仰せになっていました。

そんなご縁で、泰道先生からは特に目をかけていただき、白山道場の小池心叟老師にめぐりあい、心叟老師のもとで出家得度させていただきました。

大学を卒業していよいよ京都の僧堂に修行に出かけるにあたって、泰道先生にご挨拶に参りますと、先生は一首の歌をはなむけに下さいました。

あれを見よ深山の桜咲きにけり　まごころ尽くせ人知らずとも

という歌でした。これは誰も見ていなくても坐禅するという、玄峰老師の教えに通じます。

それから二十数年にわたる修行が始まりましたが、実に不思議なご縁で、子供の頃本を読んで感動した朝比奈宗源老師がいらした円覚寺の管長に就任しました。朝比奈老師の三十三回忌の法要は管長として大導師を勤めました。また管長としてはじめて公式行事に出たのが玄峰老師の五十回忌でした。田舎でいろんなお話を聞かせていただいた老師の五十回忌にまさか管長として出るとは夢にも思いませんでした。

この頃ふと、これは玄峰老師が熊野の山中で筏流しをしておられた時、私のご先祖はその筏を組むかすがいを作っていたご縁なのかと思いました。自分では計り知れない大きなご縁に導かれて今日があるように思われます。

かすがいはバラバラになる木材をつなぎ止めるものです。バラバラになるものをつなぎ止める、これはご縁というものでもありましょう。今の時代を見ますと、さまざまな問題、悩みや苦しみが満ちあふれているように見えます。こんな生き難い現代の世に、禅の教え、お釈迦さまの悟りの心を伝えて、今の時代と古来からの教えをつなぎ合わせるかすがいの役目を果たすことが、自分のつとめだと思います。

いにしえの教え伝えて今の世の　かすがいとなり筏わたさん

お彼岸を迎えます。こちらの岸が迷いの世界であり、彼岸が悟りの世界です。迷いから悟りへとわたるための筏を組む、そのかすがいになってゆきたいと願うこの頃であります。

（『円覚』平成二十七年秋彼岸号）

よきめぐりあい

今年は、我々臨済宗の宗祖であります臨済義玄禅師がお亡くなりになって千百五十年の大遠諱《おんき》を行います。祖師方はそれぞれお亡くなりになって五十年ごとに、遠諱という法要を勤めます。

臨済宗はただいま、十四の派に分かれており、われわれの円覚寺派もその一派でありま す。臨済宗十四派と黄檗宗と合同で、三月に京都の東福寺において、大遠諱法要を行う予定です。

大法要になると前日に宿忌《しゅくき》という行事をおこない、当日には半斎《はんさい》という法要を勤めます。今から五十年前の臨済禅師千百年の大遠諱では、宿忌の大導師を円覚寺の朝比奈宗源老師がお勤めになりました。奇しくも、爾来五十年、このたびの法要では宿忌の大導師を私が勤めるよう仰せつかっています。円覚寺派を挙げて、お勤めしようと思っています。

それに合わせて、三月には同じく東福寺において、全国の修行道場の雲水（修行僧）が集まって、大摂心《おおぜっしん》という修行を行います。およそ三百名の雲水が集まり、全国の老師方も一堂に会して研鑽に勤めます。

ただ、それだけでは、寺院僧侶ばかりの行事になりますので、これまで全国の寺院で記念の坐禅会を催してきました。円覚寺でも昨年春に行いました。

さらに都内において、広く臨済禅師の教えを知ってもらおうと、一昨年以来さまざまな行事を重ねてきました。一昨年には有楽町の読売ホールで、姜尚中《かんさんじゅん》先生と私との講演、および佐々木閑先生を交えての鼎談を行いました。

昨年には六本木ヒルズの四九階を借りて、記念講演会、対談、坐禅、写経などを行いました。私は『延命十句観音経』の写経と法話を担当しました。当日は千人ほどの多くの方にお越しいただきました。場所柄、お若い方々にも大勢来ていただきました。

今年も、四月には六本木において一般向けの行事を、そして秋には建長寺と円覚寺において大坐禅会を計画しています。

こういう大遠諱という行事にめぐりあえるということは、実に尊く有り難いことです。私は常々、大遠諱を勤める大切な意味は、今までご縁のある方には、これを機に、さらにご縁を深めていただき、今まで縁のなかった方々にも新たにご縁を結んでもらうことだと申し上げてきました。

また今年は、円覚寺ともゆかりの深い、鈴木大拙先生の没後五十年という年でもあります。さらに来年平成二十九年は白隠禅師の二百五十年忌にあたり、次いで円覚寺では、平成三十年に釈宗演老師の百年忌、続いて平成三十一年には円覚寺中興の祖である大用国師《だいゆうこくし》誠拙周樗《せいせつしゅうちょ》禅師の二百年忌にもあたります。

こういう機会に、今までよりもさらにご縁を深めていただければと願っています。

お釈迦様は、人はみなだれでも仏心を具えていることを悟られました。みな本心は仏心であります。仏心とは大慈悲の心にほかなりません。ただそのことを見失って、目先のことばかりにとらわれて一喜一憂してしまっています。

人は、よきご縁にめぐりあって、本来もって生まれた仏心に気がつくことができます。円覚寺第十五世の夢窓国師が残された発願文という文章では、「生々世々《しょうしょうせせ》恩有る者は、我今悉く其れ恩徳に報いん。生々世々怨を結ぶ者は、我今悉く其れ寃讐《えんしゅう》を謝せん。生々世々縁無き者は、我今悉く其れ善縁を結ばん」と説かれています。

長い間生まれ変わりを繰り返してきて、その間にご恩を受けた者には、そのご恩に報いるようにつとめよう、怨を結んだ者には、その怨をお詫びしてゆこう、仏法に縁の無い者には、よいご縁を結んでゆこうという意味です。こういう願いをもって生きたいものです。

夢窓国師はお若い頃からお慈悲深く、四十四歳の時に横須賀に泊船庵という山庵を結んで、塔を建てられました。遠くからこの塔を目にするだけでもよき縁を結ぶことが出来る、またこの塔の影が海に映れば、海の中を泳いでいる魚たちも、塔の影に触れれば仏法とご縁を結ぶことが出来るのだと願われました。

「縁無き者は善縁を結ばん」という一節から、大遠諱を迎え年頭には「善縁《ぜんえん》」という言葉を揮毫させていただきました。

仏教詩人の坂村真民先生には「めぐりあい」という詩がございます。

めぐりあい

1

人生は深い縁の

不思議な出会いだ

2

世尊の説かれた輪廻の不思議

その不思議が今の私を生かして行く

善縁
円覚

3

大いなる一人のひととのめぐりあいが
わたしをすっかり変えてしまった
暗いものが明るいものとなり
信ぜられなかったものが信ぜられるようになり
何もかもがわたしに呼びかけ
わたしとつながりを持つ親しい存在となった

4

子を抱いていると
ゆく末のことが案じられる
よい人にめぐりあってくれと
おのずから涙がにじんでくる
…………

（『自選坂村真民詩集』より）

とりわけ第四節の「子を抱いていると……」の一節は、松原泰道先生もよく引用されていました。

よき人とのめぐりあい、よき書物とのめぐりあい、さまざまなよきご縁にめぐりあって、人はよき方へと導かれてまいります。

法華経には、たとえ乱れた心でお堂に入っても一度仏さまを拝めば、よき縁に導かれると説かれています。円覚寺でも、東日本大震災以来、仏殿を開放してご本尊さまを間近で拝めるようにいたしました。前管長の足立大進老師が、円覚寺に入っても通路を歩くだけでどこにも入れないと歎かれていましたので、せめてもと、第一に仏殿を開けました。一度、仏さまに手を合わすだけでも、よきご縁になります。

また法華経には、子供が戯れに仏像を画いても、よき縁に導かれると説かれています。最近は大方丈も開放して、ご本尊を拝んでいただき、裏の庭園をご覧いただいて、さらに大書院にて『延命十句観音経』の写経ができるようにしています。これも大勢の方にお参りされ、それぞれによきご縁を結んでいただいています。

よき縁に導かれて、それぞれが本来もって生まれたすばらしい心、すなわち仏心に目覚めて、明るく楽しい生きがいのある人生を送っていただきたいと願います。

（『円覚』平成二十八年正月号）

「生きねばならぬ」

東日本大震災から今年の春で、まる五年が経ちます。亡くなった多くの方々を思うと、哀悼の念に堪えません。

私達が何気なく生きた今日は、昨日亡くなった方にとってかけがえのない一日だという言葉を教わったことがありますが、多くの方がかけがえのない明日を奪われてしまいました。その思いははかりしれません。

また、そのお身内を亡くされた方の悲しみも察するに余りあります。大事な親であり、かけがえのない我が子であり、無二の友であったり、そんな大切な人を突然亡くされた悲しみも、はかりしれないものがございます。

震災から復興された所もありますが、まだまだ先が見えないという所も多いように聞いています。たとえ橋が直され、道が直されたとしても、大切な人を亡くした悲しみは、決して消えることはないのでありましょう。

それだけに、残された者は、「生きねばならぬ」と強く思います。そしてさらにどう生きればいいのかと考えなければならないと思うのであります。

「つまづいたっていいじゃないか　にんげんだもの」の言葉で有名な相田みつをさんは、「身近な人の死に逢うたびに　わたしは人間のいのちのはかなさに　ガクゼンとしますこの世に人間として　生きている尊さを　骨身にしみて　感じる時　わたしには仕事への闘志が湧いてきます」（相田みつを『ただいるだけで』ＰＨＰ研究所より）という書を残されています。

戦争で大切な兄を二人も亡くされた相田さんの悲しみが、妥協しない独自の書と言葉を生みだされたのだと察します。

円覚寺では、第二日曜日と第四日曜日に日曜説教が行われています。第一日曜日と第三日曜日は坐禅会を行っています。第二日曜日は、管長が毎月法話を行い、第四日曜日には円覚寺派の布教師の和尚さんが交代で法話をしています。

私は毎月法話を行いますので、毎月準備をしなければなりません。五百名に近い方々が毎月お越しくださいます。長年、毎月通う方もいらっしゃいますので、同じ話というわけにはまいりません。また一回来てそれきりの方もいらっしゃいますから、こちらは毎月行うにしても、毎回が真剣勝負の心で準備をいたします。

いろんな話題をもとに法話をしていますが、毎回必ずお話しすることがあります。これだけは、初めての方も毎回お越しの方にも必ず聞いてもらいたいと思うからです。

いつも開口一番は「腰骨を立てましょう」なのですが、法話のはじめには、みんなで合掌して「生まれたことの不思議、今日まで生きてこられたことの不思議、そして今日ここでこうしてめぐり逢えたご縁の不思議に、手を合わせて感謝しましょう」と申し上げて、しばらく感謝の時を設けています。

生まれたことも、今日まで生きてこられたことも、今日こうしてめぐり逢えることも、すべて決して当たり前のことではないのです。かけがえのないご縁に恵まれている、このことだけは必ず深く受け止めて生きてゆかねばならないと思っています。


一昨年でしたか、あるご夫人からお手紙をいただきました。面識のない方でしたが、月刊誌を読んで私のことを知ったらしいのです。その月刊誌には「禅語に学ぶ」と題して連載をしておりました。さらに私の『いろはにほへと』という法話集を読まれて、お手紙をくださったのでした。

その方は、まだお若いのですがガンに罹って手術し療養されているというのです。そんな辛い体験をする中で、病気を治すには体の治療だけでなく、心も治さなければと思い立って、さまざまな本を読むようになったといいます。

そして私の『いろはにほへと』を読まれ、その中に「坐禅の要領は、ほんの一時でも過ぎたことは、気にしない！　これから起こることも、気にしない！　この二つなんです」とあるところを読まれて、大病をすると、なくしてしまった体の一部や、これからの不安などついつい考えてしまうが、そんな時この言葉を思い出し、今現在しっかり生きようと思い、今こうして生きていることに感謝しようと思い直すことができる、と受け止めてくれていました。

さらに、この病気は生きている感謝を学ぶために天から与えられたものかもしれないとまで、手紙に書かれていました。そして、自分はお坊様のようにお寺で修行はできませんが、病気と共に日常生活の中で生きている感謝、生かされている感謝を学ぶために、自分なりの修行をしたいということ、そして「いつか円覚寺さんを訪ねてみたいと夢見ています」と書かれていました。

まだお若いのに自分の置かれた状況をここまで冷静に受け止められていることに、私は驚きました。そこで私は「お寺で修行することよりも、今の置かれた状況の中で、日常の生活の中で感謝の心をもって生きることこそ、最大の修行です」と返事を書きました。

以来この方とは何度か手紙のやりとりをしていました。ご病気の具合がよくないらしくご実家に戻ったこと、まだ幼い子供がいることなど手紙から読み取れました。

しかし、この方は、「この病を得なければ私は心や人間、自分を高めようと読書や勉強をすることはなかったでしょう。こうして管長様とご縁をいただくこともありませんでした。悪いことと思われても、そのかげにはよいことも隠されているのです」と受け止めておられました。

さらに近所の教会の前を通りかかって「天の父よ、どんな不幸を吸っても、吐く息は感謝でありますように」という言葉を見て、心に刻まれたようです。そして「管長様のお言葉にも「今生きていることに感謝をしましょう」とありました。「病気でも苦しくても今わたしは生きています。それがすべての答えだと思います」と書かれていました。

その手紙が、いただいた最後となりました。その後、音信が途絶え、どうなさっていると心配するうちに、お身内の方から、お亡くなりになったと知らされました。

この話を昨年の日曜説教でしたところ、法話をする私のすぐ目の前で、大粒の涙をまるで滝のように流しながら聞いている若いご夫人がいました。

法話のあと、その方からもお手紙をいただきました。その方も最近、身内を亡くし、ま

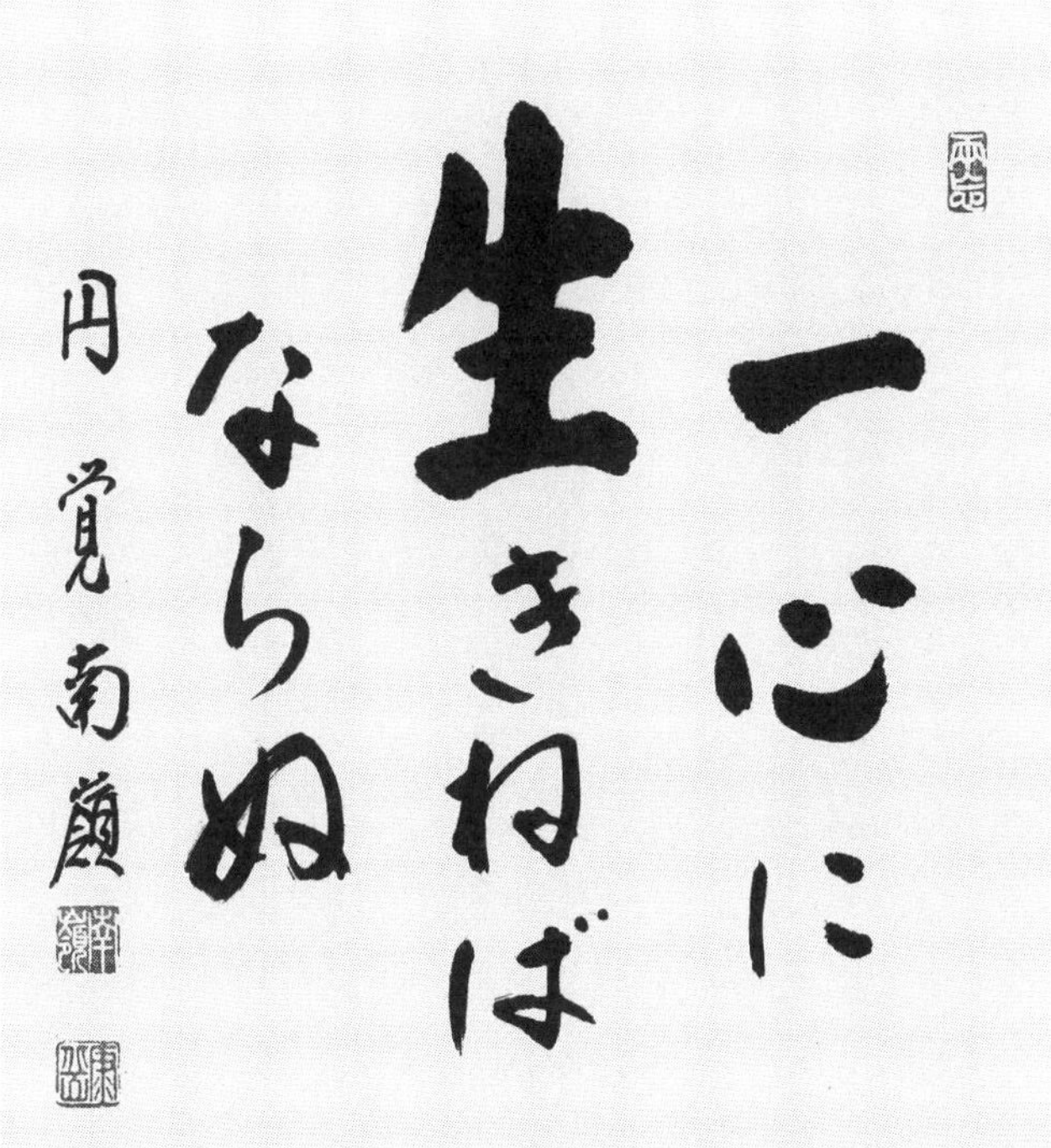

131　「生きねばならぬ」

た若い頃に、まだ子供が幼い頃に大病をして死を覚悟したこともあるそうです。幸い病は治ったものの、とても他人事とは思えなかったのでしょう。『わすれられないおくりもの』という絵本を送ってくださり、その残されたお子さんに差し上げてほしいとありました。

人は死んでも決してすべてが終わるのではありません。仏心の中に生き通しであり、たくさんの想い出など、かけがえのないものを残してくださっています。そして残された人の心に生き続けるものであります。

私の想像ですが、ガンを患い、死を覚悟された時に、ご自分なりに、子供に何を残してあげられるか、残された人達に何を残してあげられるか、一生懸命に考えられたと思います。そして、一番できることは、最後までしっかり生きること、精一杯生きること、これしかないと気づかれたのではないかと思います。

そして子供が大きくなったら、「あなたのお母さんはね、本当に最後の最後まで精一杯、立派に生きられたのよ」と聞かされることでしょう。この一つのことがなにより大きな贈りものになるでしょう。そして母は精一杯生きたのだと思うことで、辛いことも苦しいこともきっと乗り越えてゆけるのではないかと思うのです。

フランスの詩人ジャン・タルジューの詩の一節を思います。

死んだ人々は
還ってこない以上
生き残った人々は
何が分かればいい？

今年は、臨済宗の宗祖である臨済禅師の千百五十年の遠諱にあたります。我々臨済宗では「今を生きる」という言葉を遠諱の主題に掲げています。

いま生きていることに、どれだけ深く感謝しているかということこそ、我々の修行においても要になるところです。この今を生かされている、限りないご縁に生かされているという厳粛な事実を、今一度見つめ直して、今を精一杯生きてゆかねばならぬと思います。

（『円覚』平成二十八年春彼岸号）

心を澄ませて

今年は、我々臨済宗の宗祖である臨済禅師の千百五十年忌の年にあたります。臨済禅師は、中国の唐の時代に生まれて、活躍された方です。日本では、まだ平安時代の頃でした。また来年は、江戸時代に日本の臨済宗の教えを再興された白隠禅師の二百五十年忌にもあたります。

臨済禅師と白隠禅師のご恩に報いようと、今年の三月には、京都でさまざまな行事が行われました。まずは臨済禅師と白隠禅師のご恩に報いるために、全国の修行道場から修行僧が集まって坐禅の修行をしました。坐禅の修行こそが恩に報いる第一です。

禅宗では、修行僧のことを「雲水」と呼んでいます。雲の如く水の如く、道を求めて集まって修行することを表しています。全国には四十箇所の修行道場があり、総勢約二百三十名の雲水が集まりました。

雲水は、今でも昔と変わらぬ姿で修行しています。木綿の衣を身にまとい、足には草鞋を履いて、網代笠《あじろがさ》という独特な笠をかぶり、白隠禅師の頃とほぼ変わらぬ出で立ちで、京都の東福寺に皆が参集しました。東福寺は、数ある臨済宗の大本山でも、とくに大きな伽藍を具えていて、このような行事にはふさわしい境致であります。

雲水が集まって坐禅修行することを「摂心《せっしん》」と申します。「心を摂《おさ》める」ことです。普段様々な業務に追われていても、一定期間坐禅に集中して、散乱しがちな心を摂めるのです。それぞれの道場では、およそ毎月一週間、大摂心と称して修行が行われています。

今回は、全国の道場から大勢が集まりましたので、四日間に縮めて行われました。我々臨済宗の坐禅では、単に黙って修行するだけではなくて、その合間に雲水の指導をする「師家」（通常「老師」と呼ばれる指導者）と問答を行い、各々の心境を深めてゆきます。

このたびの京都の大摂心にも、全国の老師方が集まって、盛んに禅問答が行われました。私も、大摂心の期間中、東福寺に詰めて、修行僧達と共に朝のお経をあげ、坐禅し、禅問答も受けさせてもらいました。

また、期間中には、托鉢も行われました。総勢二百名の托鉢は、そう滅多にあるものではありません。私も共に参加させてもらいました。私は大学卒業後、すぐに京都の建仁寺で修行しましたので、その頃京都の町を托鉢していました。およそ三十年ぶりに、素足に草鞋を履いて、京都市内を托鉢し、初心を思い起こすことができました。また、三十年この修行を続けてこられたことにも、有り難い感謝の思いが湧いてきました。

さらに期間中に三人の老師方による提唱が行われました。提唱とは、禅の修行を究められた老師が、祖師の語録を通じて自らの境涯を披瀝するものです。臨済禅師のご恩に報いるためにも、臨済禅師の語録である『臨済録』が提唱されました。

とりわけ、最終日には、南禅寺の管長である中村文峰老師が、「一無位の真人」について提唱されました。

一無位の真人とは、臨済禅師のある日の説法に出てくる言葉です。臨済禅師が、ある日雲水達に向かって、「あなた方のその身体には、何の位にも属さないすばらしい真の人がいるぞ。まだ気がついていない者は、よく見ろ、見ろ」とお示しになりました。

一無位の真人とは、何の地位や、名誉、財産、学歴などにも決して汚されることのない、すばらしい真の人間のことを表します。

お釈迦様は、自ら人間において道を求め悟りを得たと語られましたが、お釈迦様を尊崇するあまりに、時代が経つにつれて、お釈迦様を神格化し、我々にとても及ばない高いお方だとして、我々はただあがめ奉るようになっていきました。

しかし、臨済禅師はある日の説法では、「仏や祖師を知りたいと思うならば、決して外に求めてはならない。今この目の前でこの説法を聴いているものだ」と実に端的を示され

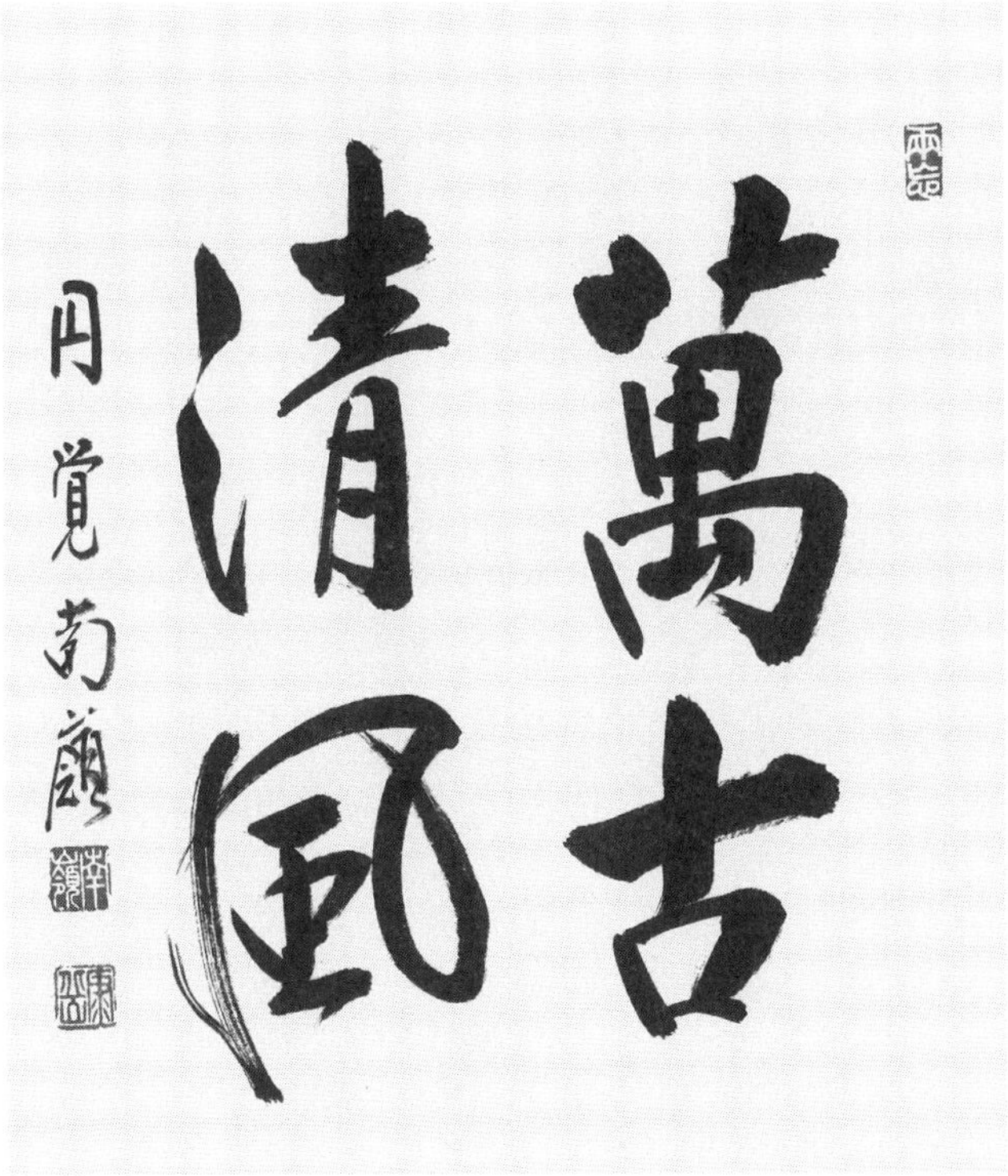
萬古
清風

ました。

ある老師は、「わたしのなかにもうひとりすてきなわたしがおる」とやさしく表現されました。真人とはすてきなわたしであって、それは私が善いことをすれば心から喜ぶし、悪いことをすれば素直に反省することができ、どんな状況におかれても、常に穏やかに相手を思いやることができる心です。

そんなすばらしい心を人は皆生まれながらに持っています。臨済禅師はそれを決して外に向かって求めてはならないと戒められました。

外に求めず、静かに坐って、今ここに聴いているものは何ものか、求めることが大切です。誰にも奪われることもない、自らの心を澄ませて、自らの内に向かって、すばらしい宝を求めることが、坐禅であり摂心です。

白隠禅師は、静岡県の沼津市原に生まれた禅僧です。お若い頃から坐禅修行して、日本に臨済の教えを根付かせた方で、中興の祖とも称されます。とりわけ、禅問答による修行を体系化され、自らの心の内に向かって求める坐禅の修行を一層はっきりと指導されました。

またご自身が、過酷な修行のあまり体調を崩された体験から、気海丹田に気力を込めて坐ることを、親切に指導され、今日の我々も白隠禅師の教えに従って修行しています。

臨済禅師も白隠禅師も共通して言われたことは、大切なものを外に求めるな、自らの内に向かって求めよ、ということでした。

仏教詩人の坂村真民先生は、「こころ」という詩を残されています。

こころを持って生まれてきた
これほど尊いものがあろうか
そしてこのこころを悪く使う
これほど相すまぬことがあろうか
一番大事なことは
このこころに
花を咲かせること
小さい花でもいい
自分の花を咲かせて
仏さまの前にもってゆくことだ

（『坂村真民全詩集第四巻』より）

坂村真民先生は、お若い頃に臨済宗のお寺で坐禅修行をなされました。愛媛県の宇和島にある大乗寺という修行道場に通って坐禅し、河野宗寛老師に参禅して禅問答もなされ、臨済の教えを深く学ばれました。

そして森本省念老師という方から、「三歳の子供にも分かるような詩を作るよう」に言われて、詩作に励まれました。どの詩にも仏教の心がこもっており、禅の教えがやさしい言葉で表現されています。しかしながら、その内容には奥深いものがございます。

普段は忙しい毎日を送っていましても、一日一度は静かに坐る時を持ちたいものです。釈宗演老師は、まず朝目が覚めたら、一時でも静かに坐ろうと仰せになっています。

心は調えていなければ、散乱してしまいます。また暴れてしまうこともありましょう。しかし、その心を調えれば、すばらしいはたらきもできます。みんなすばらしい心を持っていることを、臨済禅師も示そうとされました。

毎朝静かに坐る一時をもって、この心に花を咲かせましょう。心に花を咲かせるとは、今日一日を笑顔で生きることです。

お盆を迎えます。誰しもご先祖様からすばらしい心をいただいて生まれています。その心を見失わないように、明るく生きてゆくことこそ、恩に報いる道であるのです。

（『円覚』平成二十八年うら盆号）

恩に報いて

平成二十九年、酉年を迎えます。酉年というと、私はまず詩人の坂村真民先生を思い起こします。真民先生は、酉年のお生まれで、鳥に関わる詩をたくさん残されています。なんといってもよく知られているのが、「鳥は飛ばねばならぬ」でしょう。

鳥は飛ばねばならぬ
人は生きねばならぬ
怒濤《どとう》の海を
飛びゆく鳥のように
混沌《こんとん》の世を
生きねばならぬ
鳥は本能的に

暗黒を突破すれば
光明の島に着くことを知っている
そのように人も
一寸先は闇ではなく
光であることを知らねばならぬ
新しい年を迎えた日の朝
わたしに与えられた命題
鳥は飛ばねばならぬ
人は生きねばならぬ

（『坂村真民全詩集第三巻』より）

何度読んでも、力のわいてくるすばらしい詩です。昨年の夏に、愛媛県砥部町にある坂村真民記念館を訪ねました。多年、真民先生が毎朝拝んだという、重信川からの日の出をぜひ一度拝みたいと願っていまして、昨年にようやく念願がかないました。

静かに流れる川と、連なる山並み、吹く風、そこに昇って来た日の光を全身で感じていますと、たくさんの小鳥たちが飛び立ってゆきました。その折にも、この詩を思い起こしていました。今年も、この詩の心を忘れずに精進したいと思います。

鳥と言えば、円覚寺におりますと、たくさんの鳥たちのさまざまな鳴き声を耳にします。春のウグイスや夏のほととぎすはもちろんのこと、いろんな鳥たちが鳴いています。

近年は、仏殿に燕が巣を作っていて、一日や十五日の祝聖《しゅくしん》という朝の法要の折りに、元気よく飛び立つ姿も目にいたします。ひたむきに力の限り飛ぶ鳥の姿を目にし、その精一杯の鳴き声を耳にするだけで、大きな力をいただく思いがします。

新年にあたり「慈恩」という言葉を揮毫しました。

小鳥たちの鳴き声はすばらしく、また円覚寺の妙香池でカワセミが一生懸命に餌を取ろうとする姿もほほえましいものです。ただ時には、カラスが大きな声で鳴き、また巣作りの頃には、獰猛になるので辟易することもあります。カラスは、町の中でもゴミをあさったりするので、迷惑させられることも多いようです。

我々の修行道場では、畑で野菜を作っていても、せっかく実がなって、収穫を考えていた矢先に、カラスに先を越されて悔しい思いをすることもしばしばです。普段、カラスによい印象を持っていないのは、実情です。

しかし、漢詩の世界では、カラスは実にすぐれた鳥として登場しています。

有名な『楓橋夜泊《ふうきょうやはく》』の詩に、「月落ち烏啼いて霜天に満つ」とありますのはよく知られているでしょう。

また「慈烏反哺《じうはんぽ》」という言葉もあります。これは、カラスの子が親に育ててもらった恩返しに、成長してから、食べ物を口移しにして親を養うことを言います。ひな鳥の頃に親鳥から口移しに食べ物をもらった恩に報いることを言います。

白居易には「慈烏《じう》、夜に啼《な》く」という長篇の詩も残されています。その詩には親孝行なカラスが、母を亡くして悲しげな声で鳴いていること、そしてその母のそばを離れようとしないで、毎夜鳴き続けて、その声を聞く者も涙を誘われることが詠われています。

白居易は、カラスが鳴き続けるのは、子として、親に育てられた恩に報いることを、まだ十分に尽くしていなかったのだろうと察します。これは自分自身が母を亡くして、母に対して十分な孝養が出来ていなかったことを悔やんだのであります。

白居易はさらに、母が亡くなってもその葬送を疎かにするようなものは、このカラスにも及ばぬ者だと批判します。そしてその詩を、「慈烏《じう》、復《ま》た慈烏《じう》、鳥中《ちょうちゅう》の曽参《そうしん》なり」という句で結びます。

曽参とは、春秋時代の思想家です。孔子の弟子ですが、とりわけ親孝行の人として知ら

慈恩
円覚
南嶺

れています。『孝経《こうきょう》』は、孔子が曽参に対して、孝について述べたのを曽参の門人が記録した書です。

カラスのことを「慈烏、復た慈烏、烏中の曽参なり」とは最大級の褒め言葉です。親孝行なカラスよ、親孝行なカラスよ、あなたはまるで、鳥の中の曽参のようだと言うのです。巣作りの頃のカラスをうるさく思い、畑の野菜を先取りされている私などに、「慈烏」とは想像しがたいところですが、それほどに我が子を育てることに命がけであり、慈悲の心を持っているのでしょう。

もしも、受けたご恩を忘れてしまったとしたら、カラスにも劣ると笑われましょう。慈しみを受けたご恩、すなわち「慈恩」を胸に刻まねばなりません。

私どもの宗祖である臨済禅師の語録には、「恩を知って恩に報いる」という一語があります。恩を知ることが先ず大事ではありますが、それだけではいけません。恩を知ったならば、そのご恩に報いるように努力しなければなりません。

産んでいただいた親のご恩、育てていただいたご恩、お世話になった方々のご恩、毎日毎日、三度三度の食事のご恩、お日さまの光、空気や水に到るまで、実に数え切れないご恩をいただいて、私達は生かされています。

生きているということは、必然的にご恩をいただいているのです。ですから、生きてゆくということは、そのご恩に報いるために勤めてゆくことが大切です。ご恩に報いるために、何か自分にできることはないかを捜してまいりたいと思います。

真民先生には、こういう詩もございます。

すべて他のために
花を咲かせる草と
実をつける木とが
鳥に話しているのを
じっと聞いていました
わたしは酉年生まれなので
彼等の言葉はわかるのです
わたしは聞き終わった時
自分が恥ずかしくなりました
もっともっと他の人のために
この身を捧げねばならぬと

思ったのです
すべて他のために
それが彼等たちの
願いだったのです

（『坂村真民全詩集第四巻』より）

お世話になった「慈恩」を思い、私もまた誰かに「慈恩」を返してゆきたいと願います。鳥たちは、いつもそんな願いをもって精一杯生きているのですから。

（『円覚』平成二十九年正月号）

「いつもいっしょ」

東日本大震災からこの春で六年が経ちます。仏教では、ちょうど七回忌にあたります。ふだん何気なく、「震災から何年経ちます」と申し上げていますが、昨年考えさせられることがありました。

あるアナウンサーの方が、昨年被災地に取材に行かれました。被災地のある奥様に、「震災から五年経っていかがですか」と聞いてみたそうです。

そのご夫人は、「震災から五年なんてとんでもない、私には五秒も経っていません」と答えられたと言われます。その方は、津波で三歳の娘さんを亡くされた方でした。

もし本当に五年経っていたら、三歳のお嬢さんは、ランドセルを背負って小学校に入学し、楽しい学校生活を送っているはずです。五年が経ったなどとは、とうてい受け入れられないのが、被災地の方の心情でありましょう。

アナウンサーの方は、こういった被災地の方の思いをくみ取って報道しなければならないのだと語っていました。

鎌倉には、「未来・連福プロジェクト」といって、毎年の夏に被災地の方々に鎌倉まで来ていただいて、少しでも元気を取り戻してもらおうというボランティア活動をなさっている人たちがいます。

毎年、とくに福島で原発の被害に遭って、今なお不自由な暮らしを余儀なくされている方たちを、およそ百名ほど観光バスで鎌倉にお招きして、主に建長寺に宿泊しながら、八幡宮や大仏さんなどの神社仏閣を訪ね、さまざまな企画で励まし続けておられます。

毎年、円覚寺にもお越しいただいて、私も毎度、拙い話をさせてもらっています。私は毎回、仏教詩人である坂村真民先生の詩を紹介して法話をさせていただいています。

津波で被害を受けられた方の悲しみも計り知れないものがあります。また福島で原発の被害に遭って、故郷を離れざるを得なくなった方々の悲しみも深いものであります。原発の被害は、まだこれから将来が見通せないだけに、その悲しみは一層深いと察せられます。被災してからずっと閉じこもりきりになる方もいらっしゃるようなのです。

そんな方々に、毎年真民先生の詩を読んで聞いてもらっています。毎年大きな反響があって、私自身が驚いています。多くの方が真民先生の詩を、涙を流しながら聞いてくださっているのです。
とりわけ毎回読んでいる「二度とない人生だから」や「鳥は飛ばねばならぬ」の詩などには深く感銘を受けられるようです。「わたしの詩」という詩があります。

わたしの詩は
生きるために苦しみ
生きるために泣き
生きるためにさげすまれ
はずかしめられても
なお生きようとする
そういう人たちに
ささげる
わたしの願いの
かたまりであり
湧き水である

（『坂村真民全詩集第三巻』より）

と詠われた真民先生の詩は、苦しみ悲しみを抱いて生きる人たちに大きな力を与えてくれます。

真民先生が詩作を続けておられた愛媛県伊予郡砥部町には「坂村真民記念館」がございます。この記念館は、東日本大震災からちょうど一年が経つ平成二十四年三月十一日に開館されました。被災された方々に少しでも元気を与えたいという願いのもとに開かれたのです。「坂村真民記念館」は、この三月で開館五周年にあたります。記念館ではこの春に「東日本大震災と坂村真民の詩」という企画展が催されます。

真民先生は、晩年ご自身の詩をたくさん書で残されていますが、求められて書かれたので数には限りがあるようです。その点は書家でもあられた相田みつをさんが多くの書を残されたのとは異なります。

私も過去に、真民先生の「火」や「バスのなかで」という詩を拙筆で書いて寄贈させてもらったことがございます。このたびの企画展に際して、記念館から真民先生の書が残っていない詩を私に揮毫してほしいというご依頼を頂戴しました。

高校生の頃に、真民先生の詩を読んで感動して手紙を出して以来ご縁をいただいてまいりました。重々無尽のご縁が実っての有り難いお話で、記念館から依頼された詩を七点と、ほかに私が選んだ詩を数点揮毫して寄贈させてもらいました。このたびの企画展で展示してくださるようです。また企画展の期間中に私の講演会も行ってくださいます。なにか少しでもお役に立つことがあればいいと願っています。

真民先生の詩の素晴らしさを誰よりも早く見抜かれていた森信三先生は、その著『修身教授録』のなかで、「苦しみに遭って自暴自棄に陥るとき、人間は必ず内面的に堕落する」、「同時に、その苦しみに堪えて、これを打ち越えたとき、その苦しみは必ずその人を大成せしめる」と説かれています。

そんな自暴自棄になりかけるような時にこそ、真民先生の詩は大きな支えになります。何度も触れていますが、「生きてゆく力がなくなる時」という詩があります。

「死のうと思う日はないが　生きてゆく力がなくなることがある　そんな時お寺を訪ね
わたしはひとり　仏陀の前に坐ってくる　力わき明日を思う心が　出てくるまで坐ってくる」(『生きてゆく力がなくなる時』より)

真民先生ご自身が、生きてゆく力がなくなりそうな体験を重ねながら、その苦しみの中から深海の真珠のような言葉を紡ぎ出されました。それゆえにこそ、今なお光を放つのでしょう。

私が、とくに思いを込めて書いて送ったのは、「いつもいっしょ」という詩です。

いつもいっしょ！
これがわたしの信仰理念
蝶とも鳥たちとも
いっしょ
人間はもちろん森羅万象
いつもいっしょに生き
いつもいっしょに息をする
だから一人であっても一人でない
沈むことがあっても
すぐ浮きあがる
ふしぎな奇跡が起きてくる
いつもいっしょ！
ああこの愛のことばを
唱えてゆこう

（『坂村真民全詩集第六巻』より）

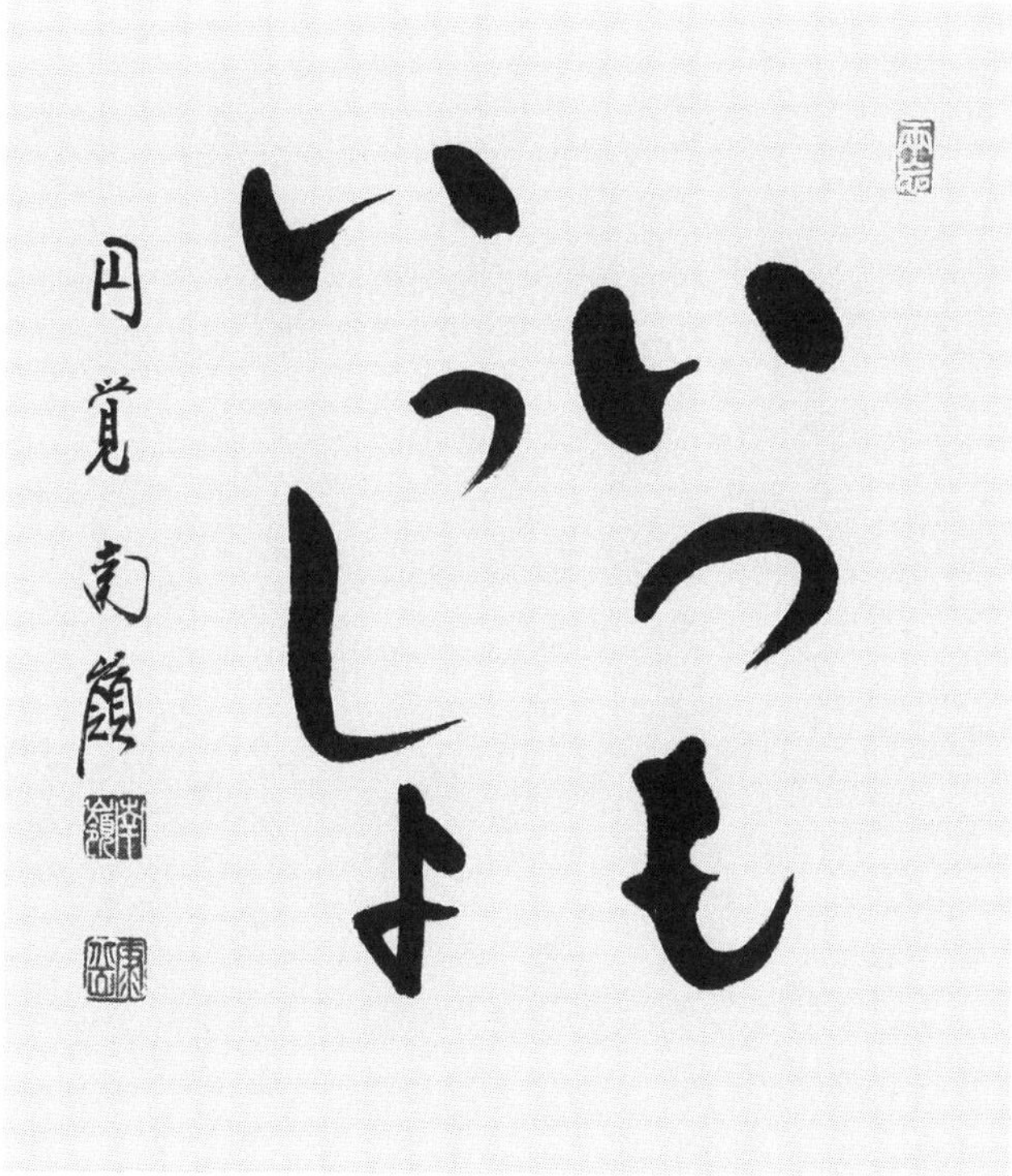

155　「いつもいっしょ」

辛い苦しい目に遭うことは誰にでもあります。時には「なぜ自分だけがこんな目に」と思うこともありましょう。そんな時であっても、誰か心にかけてくれている人がきっといるはずです。

観音さまやお地蔵さまや、いつも見守ってくれている仏さまがいらっしゃいます。目を外に向ければ、野に花が咲いて微笑みかけてくれています。鳥が鳴いて励ましてくれています。

真民先生の三女の西澤真美子さんは、鳥が鳴いているのを聞くだけで、心に火がともる気がすると仰っていました。真民先生は「今度生まれたら鳥になる、鳥には国境がないから」と言って亡くなりましたので、真民先生が居てくれるとお感じになるのでしょう。

辛い苦しいことがあっても、決して自分一人ではない、まわりに誰かいてくれる、亡き人も花も鳥も蝶もいつもいっしょにいると感じることで、大きな力を得てもらいたいと願っています。

（『円覚』平成二十九年春彼岸号）

かなしみ

西田幾多郎先生と鈴木大拙先生とは、ともに日本を代表する世界的な哲学者と宗教家です。このお二人は、明治三年という同年の生まれであり、また同じ石川県の出身です。

西田幾多郎先生は、石川県河北郡宇ノ気村（現、かほく市）の生まれ、鈴木大拙先生は金沢市本多町の生まれで、お二人は第四高等中学校の前身である石川県専門学校の同級生でもありました。


鈴木大拙先生は、いま世界で注目されている禅を西洋の人々にも弘められた第一人者です。円覚寺には縁が深く、学生時代に当時の管長であった今北洪川老師に参禅され、洪川老師がお亡くなりになってからは、釈宗演老師に師事されています。

「大拙」という居士号を与えられたのも、この釈宗演老師であり、また老師の勧めで、鈴木大拙先生は、渡米されました。アメリカで東洋思想の書籍を翻訳されたりして、帰国してからは、円覚寺内の正伝庵にお住まいになり、当時東慶寺に居られた釈宗演老師に参禅されていました。

深い禅の思想を明解に説かれた書物は、今も大勢の人たちに読み継がれています。とりわけ海外の方が禅を学ぶには、格好の入門書であります。

私なども、学生の頃から鈴木大拙先生のご著書を学ばせてもらってきました。いま毎日参禅を受けている部屋は、鈴木大拙先生が初めて今北洪川老師にお目にかかった処であり、私がいま使わせてもらっているのが、正伝庵でありますので、鈴木大拙先生とのご縁の深さを思います。

金沢市には、鈴木大拙館があり、金沢市から少し離れた「かほく市」には、西田幾多郎記念哲学館があります。この一月の末に、西田幾多郎記念哲学館と鈴木大拙館との合同企画で講演会が催されました。ご縁あって哲学館で講演をさせていただきました。そのおかげで私も初めて二人の大学者の生まれ育った土地を訪ねることができました。

鈴木大拙館は、禅の思想を表す独特の施設で、思索の空間です。それに対し、西田幾多郎記念哲学館は、規模も大きく、膨大な資料が展示されていました。二つの館が、対照的であったのも興味深く思いました。

お二人の先生に共通しているのが、「禅」でありましょう。西田幾多郎先生もまた若くして、国泰寺の雪門老師に参禅し、京都の妙心寺や大徳寺でも参禅をされています。

私も講演の依頼を受けて、西田哲学について学ぼうと努力してみました。しかし学問の世界を離れて長い年月が経ってしまった私の頭脳は、深い西田哲学を理解するには無理がありました。

西田幾多郎先生が晩年に、「すべての書物が失われても、『臨済録』と『歎異抄』があれば我慢できる」と語られたことはよく知られています。そこで、窮余の策で、お二人に共通している禅について、とりわけ『臨済録』の思想について話してきました。

哲学館では、西田幾多郎先生の書斎である「骨清窟」にも特別に案内していただき感慨無量でした。それにも増して感銘を受けましたのが、資料館の壁面に大きく掲げられていた「哲学の動機は『驚き』ではなくして、深い人生の悲哀でなければならない」という西田幾多郎先生の言葉でした。

西田幾多郎先生の悲しみとは何だったのでしょうか。それは、幾度にもわたって経験した肉親との別れだと思われます。まずはじめは、十四歳の時に姉を亡くされています。

その折りには、「余は亡姉を思うの情に堪えず、また母の悲哀を見るに忍びず、人無き処に到りて、思うままに泣いた。稚心にもし余が姉に代りて死に得るものならばと、心から思うたことを今も記憶している」と述べておられます。

さらに三十四歳の時に日露戦争で弟を亡くされています。その折りの手紙には、「理性の上よりして云へば軍人の本懐と申すべく、当世の流行語にては名誉の戦死とか申すべく、女々しく繰言をいふべきにあらぬかも知らねど、幼時よりの愛情は忘れんと欲して忘れ難く、思ひ出づるにつれて堪へ難き心地致し候」と述べています。

さらに三十七歳の折りに、次女を五歳で亡くされ、同じ年に生まれた双子の五女を生後一ヶ月で亡くされているのです。

「ただ亡児の俤《おもかげ》を思い出づるにつれて、無限に懐かしく、可愛そうで、どうにかして生きていてくれればよかったと思うのみである。若きも老いたるも死ぬるは人生の常である、死んだのは我子ばかりでないと思えば、理においては少しも悲しむべき所はない。しかし人生の常事であっても、悲しいことは悲しい、飢渇は人間の自然であっても、飢渇は飢渇である。人は死んだ者はいかにいっても還らぬから、諦めよ、忘れよという、しかしこれが親にとっては堪え難き苦痛である。時は凡ての傷を癒やすというのは自然の恵であって、一方より見れば大切なことかも知らぬが、一方より見れば人間の不人情である。何とかし

161　かなしみ

て忘れたくない、何か記念を残してやりたい、せめて我一生だけは思い出してやりたいというのが親の誠である。……折にふれ物に感じて思い出すのが、せめてもの慰藉《いしゃ》である、死者に対しての心づくしである。この悲は苦痛といえば誠に苦痛であろう、しかし親はこの苦痛の去ることを欲せぬのである」と、「我が子の死」という文章にございます。深い悲しみをうかがうことができます。

西田幾多郎先生が、この「我が子の死」という文章を載せられたのは、友人であった藤岡作太郎の『国文学史講話』の序でした。なぜ、友人の学術書にこのような悲しみを綴られたのか、それは藤岡作太郎もまた我が子を亡くしていたからだと言われます。西田幾多郎先生の深い慈愛の心を知ることができます。

仏教詩人の坂村真民先生は、「かなしみはいつも」という詩を残されています。

かなしみは
わたしたちを強くする根
かなしみは
わたしたちを支える幹

かなしみは
わたしたちを美しくする花
かなしみは
いつも枯らしてはならない
かなしみは
いつも湛えていなくてはならない
かなしみは
いつも噛みしめていなくてはならない

深い悲しみを体験するからこそ、他人の悲しみも分かることができます。そして他人の悲しみを知る心こそが、慈悲の心であり、それこそ仏心であります。亡き人と別れることの辛さ、悲しさは古今東西を問いません。いつも変わらぬものでしょう。そんな悲しみを噛みしめるときこそ、人は生きる意味を真剣に考えます。

明治の時代、戊辰戦争に十四歳で出征して両親と妹が行方不明となってしまった少年がいました。天田五郎と言いました。それから両親と妹を捜してまわりました。

上京して山岡鉄舟居士に逢い、写真技師や、新聞記者にもなって全国を捜しますが、見つかりません。そうして十数年が経って、鉄舟居士は言いました。「亡き人をさがすより、亡き人の願いが何であるかと吾が胸に問え、それがわかったら本当の両親や妹に会えるのだ」と。彼は出家し愚庵と名乗りました。

お盆を迎えます。亡き人のご供養をすると共に、悲しみを噛みしめて、亡き人の願いは何であったのかと問うことです。「生きてほしい、精一杯生きてほしい」という願いを忘れてはなりません。そして与えられたいのちを精一杯生きてこそ、亡き人への一番のご供養になりましょう。

（『円覚』平成二十九年うら盆号）

そこなし——戒とは

平成三十一年は、円覚寺を江戸時代に再興なされた大用国師誠拙周樗禅師の二百年の大遠諱にあたります。お亡くなりになって二百年の大法要をお勤めするにあたり、円覚寺では授戒会を催します。円覚寺および円覚寺派各寺院の檀信徒の皆さまに本山へお参りいただいて、仏弟子として戒を授ける儀式です。

仏教徒となるには、戒を受けることがまず第一です。古来仏教では「戒定慧《かいじょうえ》」の三学と申しまして、戒を守り、禅定といって心を静めて、智慧を身に付けるのが修行であります。戒より禅定に入り、禅定から智慧が生じます。そしてその智慧から、慈悲のはたらきが出てまいります。

「戒」は、仏教にとっては一番の土台であります。戒を受けて、そこでいただくのが戒名であります。本来は、生前に仏教に帰依し戒を受けていただくのが戒名なのです。

大本山で授戒会が行われるのは、このような大遠諱に合わせて数十年に一度しかありません。今回も貴重なご縁になります。

そこで、この六月に円覚寺で、円覚寺派の僧侶の研修会として、皆で「授戒会」の勉強をしました。

その研修会の基調講演に、静岡市にある臨済寺僧堂の師家でいらっしゃる阿部宗徹老師に講師をお願いしました。

私どもの宗門では老師様方をお呼びする時には、敬意を表して直接その名前をお呼びすることを避けて、室号や軒号と呼ばれる号でお呼びします。阿部宗徹老師は無底窟という号をお持ちで、私どもは「無底窟老大師《むていくつろうだいし》」とお呼び申し上げています。

阿部老師は、私のかねてから尊敬申し上げる老大師で、かつて花園大学の学長もお勤めでいらっしゃいました。戒についても造詣が深く、ぜひとも戒の心についてお示しいただきたいと思い、お招きしました。

研修会では午前中に私が、戒を受ける前提となる懺悔《さんげ》について話をして、午後から基調講演に阿部老師のお話をいただき、その後に授戒の実践的な講義を、臨済宗黄檗宗連合各派布教師会の会長である瀬川宗隆和尚にお願いしました。

阿部老師の御来山を、私も寺の山門まで出てお迎えしました。老師はまるでこれから海外旅行にでも行かれるような大きな荷物をお持ちでした。お忙しい老師ですから、この後もご出向になるのかと思ったのです。

ところが寺に入られると、老師はその大きなカバンから、「これは僧堂で修行している皆様に」、「これは管長さんに」、「これはご本山の皆様に」と次々とお土産をお出しになりました。実に山のようなお土産でした。お土産をすべて出されたら、その大きなカバンは空になっていました。大きなお荷物は、みな円覚寺の者たちへのお土産であったのです。電車を乗り継いで来られたのですから、大きな荷物を持っての移動は大変だったことでしょう。それだけでも老師がいかにお心遣いの細やかな方であるかが分かります。

阿部老師は、お話の始まりに、今年七十歳を迎えて、かつて両親が暮らし、そして得度の師匠である妙心寺慈雲院の足立宗詮老師が行かれていた満州の地を訪ねられた思いを話されました。

この年齢になってようやく、両親と師匠の暮らした土地に自分も立ってみたいと思われたのだと仰せになっていました。もちろんのこと、かつての満州の面影は全く残っていないのですが、両親や師匠の暮らしていた息吹を感じたいと思われたのだそうです。

それから老師は、僧侶として受ける戒について説かれました。仏さまと仏さまの教えとその教団に帰依する三帰戒《さんきかい》と、あらゆる善き行いにつとめ、悪しきをなさず、人々のために尽くすことを誓う三聚浄戒《さんじゅじょうかい》と、十重禁戒《じゅうじゅうきんかい》とそれから四十八軽戒《しじゅうはちきょうかい》と合わせて、六十四条の戒があると説かれました。

今、六十四条もの戒と言われても多い気がしますが、もともと仏教には二百五十の戒がありました。今でも南方の上座部の僧侶は、二百五十の戒を守っていると言われています。しかし、阿部老師は、ご自身がこの六十四条の戒すら守り切れていない恥ずかしい思いを持っているのだと正直に仰せになりました。

さらに老師は、禅宗に伝わる達磨大師の一心戒《いっしんかい》を説かれました。二百五十の戒が六十四になり、さらにそれが十の戒になり、そして禅門ではとうとう一心におさまったのだというのです。

戒とは、細かい日常の決まりごとではなく、お互いの心を問題としているのであります。古来禅の教えにおいては、「見性《けんしょう》」ということが大事にされています。文字通り「性《しょう》を見る」、心の本性を見ることを言います。本性とは即ち仏性であります。仏性とは仏さまの心です。その仏さまの心がどういうふうに、お互いの心におさまっているかが問題だと指摘されました。

さらに老師は、「見性」について独自の見識を披瀝されました。それは、仏性を見るのではなく、「見」とは「現れる」ことだと示されました。私たちの生き様が、仏の世界を具現しているかどうかが大切であると説かれました。

朝から晩まで仏の息吹に出会っているかどうかと、問い続ける時にこそ、真に仏さまに出会っているのだというのであります。

そこで両親や師匠の暮らした同じ土地に立ち、同じ風に吹かれて、両親や師匠が今も生きている、母と共に生きていると実感できた体験を今一度振り返り、そのように、私たちも日々を仏さまと共にあるという思いで過ごすならば、細かい戒は要らないのではないかと仰せになりました。

お互いの心が、三千の諸仏と共にあるという思いがあれば、日々の行いを誤ることなく、言葉を荒げることもなく、思いを曲げることもなく暮らすことができる、それが一心戒であるとお示しくださいました。

常に仏さまと共にある、その息吹を感じる暮らしをすること、たしかにそんな思いで暮らすことができたならば、お互いに道を誤り、人を傷つけたり争ったりすることはなくなりましょう。

しかし、実際に行うのは難しいことです。老師もまた、戒を受けただけとか、学んだだ

け で済ませてはならないと示されました。一日一日は常に新たなものであって、毎日毎日、仏さまの心と我が心とがバラバラになっていないかと問い続けることが大事です。

さらに「峰のいろ溪の響きもみなながら　わが釈迦牟尼の声とすがたと」という道元禅師のお歌を示されて、外にある景色が釈迦牟尼ではなく、それを見る私が釈迦牟尼であるべきだと、努力し続けることが戒の根本であり、常に戸惑い苦しみ悲しみ、決して我がための解脱を望まない、そんな生き方をしたいとお説きくださいました。

仏さまの心を現わし続けることが大切であって、現せない暮らしをしてはならない、お互いの姿に、その言葉に、そのまなざしに仏さまの心を現わし続けるのだと、老師は禅僧としての深い深い内省と、高い見識を示してくださいました。

私は感動に包まれてお話を聞いていて、お話を終えられる老師のお姿に、そのお声に、そしてそのお優しいまなざしに、仏さまの心がありありと現れていると、私は思わず手を合わせました。

毎日毎日の勤めを通じて、仏さまと共に暮らしているという思いを失ってはならないと、愚かながらも心に誓ったものです。

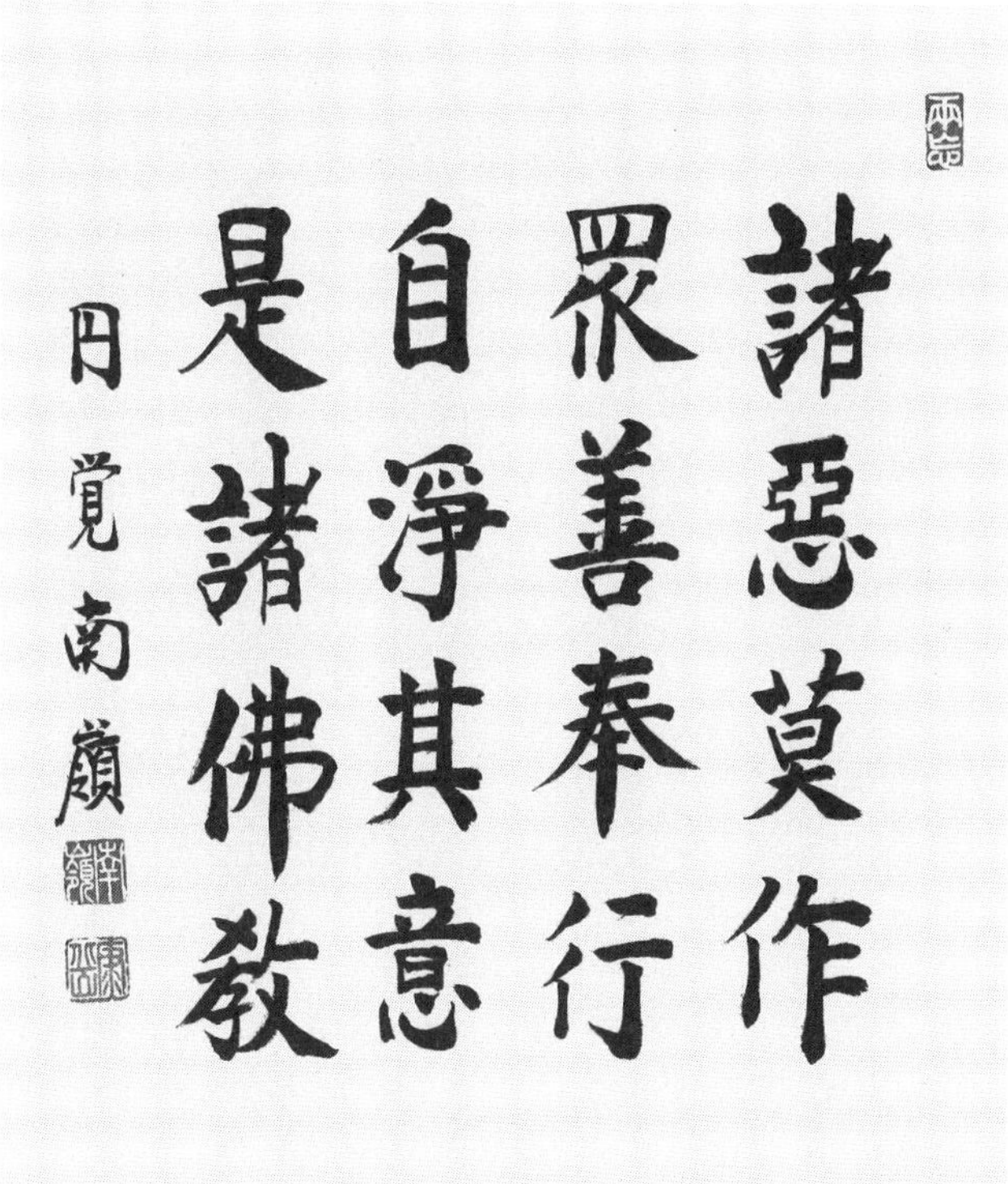
諸惡莫作
衆善奉行
自淨其意
是諸佛教
円覚南嶺

すばらしいお示しをいただいて、後日、私自身、静岡の臨済寺へお礼の挨拶にまいりました。お礼に参上したにもかかわらず、実にお心のこもったおもてなしをたまわり、何と帰りにはまた、私や供の僧にまでお土産をたくさん下さいました。

老師の慈悲の心の深さには改めて驚き恐れ入りました。帰る道すがら、老師のお心はどれほど深いのだろうかと考えました。しばらく考えて気がつきました。老師の号は無底窟でした。老師のお慈悲の心には、底が無いのだと納得しました。

深い深いお慈悲の心に包まれて、私たちは毎日を生かされています。その心の深さに触れたならば、決して人を傷つけてはならない、いのちあるものを粗末にしてはならない、と我が心に誓うのです。

（『円覚』平成二十九年秋彼岸号）

Ⅲ

咲く花となって

今年の年頭には、「慈祥《じしょう》」の二字を認めました。円覚寺にとって今年は、釈宗演老師の百年忌という時にあたります。そこで、釈宗演老師の『菜根譚講話』を拝読していて、見つけた言葉です。

『菜根譚』に、「一念の慈祥は、以て両間の和気を醞醸《うんじょう》すべく、寸心の潔白は、以て百代の清芬《せいふん》を昭垂《しょうすい》すべし」という言葉があります。

「慈祥」とは、聞き慣れない言葉ですが、諸橋轍次先生の『大漢和辞典』によれば、「祥」は「善」という意であり、「慈祥」とは、「いつくしみ深く善良」であることと説明されています。

宗演老師は、『菜根譚講話』の中で、「慈祥の慈は慈悲である。祥は目出度いこと、慈悲心は目出度いものであるから慈祥といったのである」と説かれています。

慈しみの心をもつことは、目出度いことなのです。そこで新年にふさわしいと思い揮毫しました。

悲しみの心を持つと幸せになれる、いや、悲しみの心をもつこと自体が幸せなのであります。

「一念の慈祥は、以て両間の和気を醞醸《うんじょう》すべく」とありますように、お互いの慈悲の心が、天地間の和気を作りだすのです。「両間」を宗演老師は、始めには「天と地の間」と解釈されていますが、さらに「人々相互の間に於いては言うに及ばぬ」と説かれていますように、天と地のみならず、国と国ともそうでしょうし、善と悪、是と非、人種の間、嫁と姑の間に到るまで、さまざまの場合にとらえてよいと思います。

国と国との対立、国の中にあっても、意見の異なる者同士の対立はなくなりそうにありません。永遠に争い続けなければならないのかと愕然とすることもありますが、お互いの「慈祥」の一念こそが、対立も和気に替えることができるというのです。

続いて「寸心の潔白は、以て百代の清芬《せいふん》を昭垂《しょうすい》すべし」にある「寸心」は心であります。「清芬」は清く香しい名であります。「昭垂」は明らかに伝えることです。お互いのこの心さえ潔白であったならば、百代の後までも、清く香しき名を伝えることができるというのです。年頭にあたり、お互いにかくありたいものと思います。

今年は戌年にあたります。犬というと、今はペットとして大切にされています。ところが禅の語録などでは、あまり良い意味では使われていません。

禅の修行では、今でも趙州《じょうしゅう》和尚という中国唐代の禅僧の、犬にまつわる問答に取り組みます。ある修行僧が、趙州和尚に「犬にも仏の心がありますか」と問うと、趙州和尚は、ただ一言「無」と答えました。そこでこの趙州和尚の「無」とは何かというのが問題です。この「無」の一字と、ひたすら取り組みます。

ただ、この問答に出てくる犬は、今のように愛された、大切にされた犬ではありません。今日のように、まるで家族の一員のように大切にされていますと、犬にも仏の心はあって当然と思われるでしょう。

しかし、ここに出てくる犬は、そんな良いものではありません。一昔前には、野犬や野良犬がいましたが、獰猛で人になつかないような犬を指しています。そこであんな犬にも仏の心があるのでしょうかという問いなのであります。

犬についての良い用例が乏しいので、何かないかと捜していましたら、同じく『菜根譚』に次のような言葉を見つけました。

慈祥
円覚
南嶺

「竹籬の下、忽ち犬吠え鶏《とり》鳴くを聞けば、恍《こう》として雲中の世界に似たり。芸窓《うんそう》の中、雅《つね》に蟬吟《せみぎん》じ鴉《からす》噪《さわ》ぐを聴けば、方に静裡の乾坤を知る」という言葉です。

宗演老師の解釈によれば、人はたとえどんな立派な屋敷に住んでいても、騒がしい町中にいると心身共に忙しく、ゆったりと落ちついているということがない。しかし、一度田舎に住まいして竹垣のもとに、犬の吠えるのや鶏の鳴くのを聞くと、恍惚として白雲の中にいるような気持ちがするというのです。

「芸窓」は書斎です。書斎の中にあって、蟬の鳴くのや鴉の噪ぐのを聞いていると、心が呑気に、気が静まって閑静な別天地にいるような気がするという意味です。犬が吠え鶏が鳴く、おだやかな村落の様子を表しています。

同じく『菜根譚』には、「雪夜月天《せつやげってん》に当たっては、心境は爾《しか》くすなわち澄徹《ちょうてつ》し、春風和気に遇えば、意界《いかい》も亦《また》自ずから冲融《ちゅうゆう》す。造化人心《ぞうかじんしん》は、混合して間《かん》無し」という言葉もあります。

難しい言葉が多くて分かりにくいのですが、「雪が降り積もった上に月が照らすと、心も澄み切ってくる。春風の穏やかな空気に触れれば、気持ちはやわらぎ和んでくる。大自然の心と人間の心は分かれてはいない、一体である」という意味です。「意界」は心、「冲融」はなごみ溶ける、「造化」は大自然です。お寺や神社が、風光明媚な処にあることが多いのは、大自然のすばらしい気に触れて、お互いの心を澄ませることが大切だと思ったからでしょう。

大自然と人の心は一体です。これも『菜根譚』に、「心体は便ち是れ天体なり。一念の喜は景星慶雲なり、一念の怒は震雷暴雨なり、一念の慈は和風甘露なり」と説かれています。

お互いの心と天地とは一体であって、お互いの喜びの一念は、目出度い星や雲であり、怒りの一念は、震雷暴雨であり、一念の慈は、和らいだ風や甘露に比べることができるのです。

そうはいっても、お互いの心は良い状態ばかりとは限りません。お釈迦さまが「心は、保ちがたく、軽くたちさわぎ、意《おもい》のままに従いゆくなり。このこころを調えるは善し。かく調えられし心がたのしみをもたらす」と説かれていますように、いつも揺れ動いていて、制御しがたいのです。

『菜根譚』には「念頭起る処、纔《わず》かに欲《よく》路上《ろじょう》に向って去るを覚《さと》らば、便《すなわ》ち挽《ひ》きて理路《りろ》上より来たせ。一たび起って便《すなわ》ち覚《さと》り、一たび覚らば便ち転《てん》ず。此《これ》は是《こ》れ、禍《わざわい》を転じて福と為《な》し、死を起して生を回《かえ》すの関頭《かんとう》なり。切《せつ》に軽易《けいい》に放過《ほうか》すること莫れ」とも説かれていま す。

平たく訳しますと、「心が動いた時に、欲望に向かっていると気がついたら、直ぐに引き戻して道理の道筋に行くように修正する。少しでも心が動いたと感じたら、それに気がついて正しい方向へ転換する。こうすることこそが、災いを幸いに転じ、死にかかった者も再び生にかえすという、禍福生死の分かれる関所であって、軽々しく見逃すようなことをしてはならない」と。

自分の心が、自分中心なものの見方のために、怒りに燃えようとしていたら、そのことに気がついて正しい道理に引き戻すのです。そのことを繰り返してゆくことこそが、禍を転じて福とする道なのです。この「気がつく」ということが大事です。気がついたら引き戻せばいいのです。その繰り返ししかないのです。

釈宗演老師の百年忌を記念して、宗演老師の『観音経講話』を復刊します（春秋社）。お互いの心が本来観音さまの心であるとやさしく説かれています。また『禅海一瀾講話』も復刊します（岩波文庫）。慶應義塾大学では特別展も企画されています。

一念の慈祥が幸せをもたらします。よき教えを学び、心が怒りや妬みなどの誤った方向に行こうとしたら、早く気がついて引き戻したいものです。よき教えを学び、次世代へと伝えられていったならば、きっとよき世が実現されると信じています。

釈宗演老師は、このように詠われています。

心よりやがてこころに伝ふれば　さく花となり鳴く鳥となる

（『円覚』平成三十年正月号）

「渡り帰らんこの荒海を」

今年、円覚寺では、秋に釈宗演老師の百年諱が行われます。続いて明年には、中興の大用国師誠拙周樗禅師の二百年諱が行われる予定です。大きな行事が続きます。

大用国師は、宇和島のお生まれで、私も近年、宇和島には毎年のように出かけてご縁が深まっています。

ひとつには、なんといっても大用国師の生地であることですが、いつもよく法話や講演に引用させてもらっている坂村真民先生ともご縁の深いところでもあります。

真民先生は、終戦と共に朝鮮から引き上げ、熊本に帰りましたが、山下亀三郎氏が母の恩に報い、母のような女子を育てたいという願いのもとに愛媛の三瓶に女学校を創られたことに共鳴されて、四国に移り私立山下第二高等女学校に教諭として赴任されました。さらに四十一歳で愛媛県立吉田高校に転勤されることになり、学校の近くにあった大乗寺とご縁が結ばれるようになりました。

大乗寺には、不思議なご縁で、ただいまは私の大学時代の無二の親友であり、多年の道友でもある河野徹山老師が住職されて、師家《しけ》として修行僧の指導に当たられています。河野徹山老師のご縁もあって、私はよく大乗寺に伺うようになりました。今年の二月にも大乗寺の先代の澤井進堂老師の十三回忌にあわせて、先々代河野宗寛老師の五十年諱も勤められて、私もお招きいただいたのでありました。とりわけ河野宗寛老師の五十年諱にお参りできたことは感慨無量でありました。

河野宗寛老師は、一般にはあまり知られていないかもしれませんが、すぐれた禅僧でありました。真民先生が、心から尊敬して師事されたのも、この宗寛老師でありました。真民先生四十二歳の七月に、大乗寺の河野宗寛老師に正式に参禅されています。参禅というと、一般には坐禅をすることを指しますが、正式に師家の弟子となり、師家から公案（禅の問題）をいただいて、問答修行をすることをいいます。

師家に参禅するには今でも厳格な作法が定められています。高校の教師をしながら参禅するのは並大抵の決意ではなかったと察せられます。

当時の思いを真民先生は、昭和二十六年七月の『参禅録』に、「何のための参禅か。己のためにか、人のためにか。不惑四十を越えて、果たしてきびしい修練に堪え得るか。私は今、自分が参禅によって、えらくなろうなどとはつゆ思っていない。ただ生きる力が欲しい。その力から湧き出る詩によって、又一人でも力つけしてゆくことが出来ればと、ただそれをのみ念じている。掘り下げ掘り下げ私のもっている地下の水を胸にたたえて、人に接し世に処してゆきたい」と記されています。

この貴重な『参禅録』の言葉は、坂村真民記念館の西澤孝一館長とかつて対談した折に、ご教示いただいたものです。真民先生の決意の強さが伝わってきます。

またそれほどに河野宗寛老師を尊敬されていたことも分かります。それは、宗寛老師が常人には計り知れない大慈悲行をなされたことと、和歌にも堪能であったことがあろうかと思われます。その大慈悲行を、宗寛老師の和歌と共に学んでみます。

宗寛老師は、明治三十四年にお生まれになり、昭和四十五年、七十歳でお亡くなりになっています。大分のお生まれで、八歳で大分にある万寿寺で出家されました。足利紫山老師のお弟子になられました。

岐阜県伊深の正眼寺僧堂や京都の相国寺僧堂で修行され、相国寺の山崎大耕老師の法を嗣がれて、昭和十四年、四国の大乗寺に住職されました。そこで四国唯一の臨済宗の専門道場を開かれたのでした。

昭和十七年には、満州に建てられた妙心寺の別院に赴任されて、現地で禅の指導に当たられることになりました。終戦を満州の地で迎えられた宗寛老師は、戦後の大変な混乱に巻き込まれてしまいました。当時は自分一人だけでも帰国するのは至難のことでした。

しかし、宗寛老師は慈悲心の深い方でありました。町に出てみると、親を亡くして行き場もない大勢の孤児たちの姿が、眼に映ってきたのでした。厳寒の満州は、「三日ぐらい食べなくてもよいが、冬に暖房がなければ一晩で凍え死ぬ」と言われたところです。

宗寛老師は、いち早く坐禅堂を孤児院として開放し、自ら私財をなげうって石炭を買い集め、町にあふれる孤児たちをかくまわれ、「慈眼堂」を開いたのでした。

当時の思いをこのように詠われています。


戦に敗れし日より憂きことは　親のなき子らのさまよひあるく

それまでは禅によってひたすら精神の鍛練を説かれた宗寛老師が、一転して多くの孤児たちの親となられたのでした。

今日よりは親なき子らの親となり　厳しき冬を守りこすべし

と当時の決意を和歌に詠われています。こんな和歌を集められたのが、宗寛老師の『慈眼堂歌日記』です。

厳しい禅の指導に明け暮れていた宗寛老師が、だんだんと多くの孤児たちの親となってゆきました。そんな様子を、

毒舌のにがき禅機はいまやめて　子らと遊べば心浮くなり

入りし日は笑みもせざりし子供らも　われにより添い戯れにける

と詠われています。悲しいこともございました。宗寛老師は、満州に来られてからは直接ご自身で葬儀をなさることはなかったらしいのですが、不幸にも亡くなった孤児のために葬儀の導師を勤められたのでした。

幼子の今日限りなる葬ひと　われ晴着きて経をよむなり

幸薄かった子のために、せめてもの手向けに、最高の金襴の袈裟を着けて読経されたの

です。宗寛老師のあたたかい思いやりが伝わります。亡き人との別れには、できる限りのことをして差し上げるのが、人の情けでありましょう。近頃の葬儀簡略化は考えものでしょう。

やがて満州の地は戦渦に巻き込まれます。修羅場と化した中を、どのようにして孤児たちを守るか苦悩されたようです。宗寛老師はそんな中、夜もすがら眠らずに本堂に坐禅して孤児たちを守られました。幸いにも慈眼堂に死傷者は出なかったようです。

真夜中に銃声ききて幾度か　月もるる窓に孤児をし思ふ
夜もすがら床の柱に倚りて坐し　修羅の世相に涙すわれは

苦難の末にようやく、昭和二十一年七月に帰国できることになりました。

立つ鳥も跡は濁さじ此の園を　掃き清めおけふき浄めおけ

と最後まで禅僧らしく勤められました。

幼子に今日はみ国に帰るよと　涙もろとも説き聞かせけり

と詠われたのを見ると、どれほどのご苦労があったのか察するに余りあります。

み仏と同じ心の恵みもち　この荒海を子らと渡らん

仏にも等しい慈悲の心をもって、宗寛老師は大勢の孤児たちを救われたのです。

親のなき子らをともなひ荒海を　渡り帰らんこの荒海を

この和歌は高野山奥の院に歌碑となって記されています。およそ三百名に及ぶ孤児たちを連れて、宗寛老師は八月、無事、佐世保に上陸されました。命をかけて、多くの孤児たちを祖国に渡り帰らせた慈悲行の極みでありましょう。

そんな宗寛老師なればこそ、真民先生も心から師事されたのだと思われます。宗寛老師が亡くなられて、真民先生は次のような追悼の詩を残されました。

慈眼
円覚南嶺

悼詩

参禅の師河野宗寛老師の霊に捧ぐ

蟬は鳴くだけ鳴いて
ぬけがらとなる
あなたもするだけのことをして
白い骨となられた
頂いた茶碗で
茶をたて
一気に飲みほした
あなたの禅風が
疾風のように
わたしの体を
吹き過ぎてゆく
ああ
仏は故あって召され
残る者たちに

生の何ものかを教えられる
思えば六十八年の御生涯よ
これからだったのにと
凡人の愚痴は口にすまい
わたしは更に一剣を磨き
己身を鍛えて
あなたの厚恩に
応えねばならぬ

宗寛老師はご生前に、「自分が死んだらお経は読んでくれんでもよい、慈眼堂の歌を一首でもよいから詠んでくれれば、それが一番の供養じゃ」と仰せになったようです。

戦後七十三年、このようなことも忘れられようとしています。こういう激動の時代に慈悲の行を貫かれた宗寛老師のお心を学びたいものであります。

先人達のご恩に報いるために、お互い何ができるか考えなければなりません。


（『円覚』平成三十年春彼岸号）

生き切る

臨済宗には、ただいま十四の本山があり、十四派に分かれています。京都には、妙心寺や大徳寺、南禅寺や天龍寺、建仁寺など七つの本山があり、鎌倉には建長寺と円覚寺の二つの本山があります。

その他に、滋賀県に永源寺があり、富山に国泰寺があり、それから山梨の塩山には向嶽寺があります。そして浜松には方広寺という本山がございます。

それぞれの開山がいらっしゃって、独自の宗風がございますものの、別段、臨済の教えであることには、相違はございません。

また、それぞれが大本山ですので、その本山には管長がいます。私は、早くも管長に就任して九年目になりますが、今もって臨済宗十四の本山管長では最年少であります。

長らく最年長であられたのは、浜松の方広寺の管長であった大井際断老師でございました。この二月二十七日に満一〇三歳でお亡くなりになりました。生涯現役で管長さまでいらっしゃいました。

もれ聞くところでは、ほんの三日前まで、市内でお元気に法話をなされていたとか。二月二十六日がお誕生日でお祝いの用意をされていたらしいのですが、体調を崩されてしまい、明くる二十七日の未明に御遷化なされたというのであります。

思えば、私が中学生の頃からお世話になった恩師の松原泰道先生も、お亡くなりになるほんの三日前に講演をなさっていて、一〇二歳でお亡くなりになりました。泰道先生は、常々「生涯修行、臨終定年」と説かれていましたが、まさしくその通りでありました。

大井際断老師もまた、「生涯修行」を貫かれた管長さまでありました。

大井際断老師と私とは、臨済宗各派管長の中で、最長老と最年少という関係ですが、晩年とてもお世話になりました。

とりわけ、平成二十八年の五月には、わざわざ円覚寺にお越しいただいたのでした。なんでも「円覚寺の管長に会いに行く」といってお越しくださされたのでした。お伺いするところでは、浜松市を出られ遠出されたのは、この時が最後であったようなのです。そんな最後にお越しいただいてお話をたまわったことは、私にとって忘れがたいことであります。

そもそものご縁は、私が管長に就任してから、各派管長が集まる公式行事でお目にかかるようになり、ある本山の行事で会食の折に、私は畏れ多くも、大井際断老師の隣席に坐らせてもらいました。当時すでに九十を越えてお元気ながらも、食事をなさるのに多少ご不自由なところもございました。

しかしながら各派管長が集まる席でしたので、お伴の僧も別席にいたのでした。そこで私は、隣であれこれとお世話というほどでもありませんが、お食事をすすめて差し上げていました。そのことをとても喜んでいただいたようでした。

それから平成二十七年には、方広寺の住職研修会に講師として招かれました。そこで初めて方広寺をお訪ねすることができました。

方広寺にはいろんなご縁がございます。来年二百年の遠諱を迎える大用国師誠拙禅師にまつわる逸話もございます。誠拙禅師は、円覚寺の今の山門を再建なされました。その時に山門に祀られていた羅漢像を、新しく造り直し、今まであった羅漢像をご自身が出家得度された宇和島の仏海寺に奉納されたというのです。

ところがその仏海寺にあった羅漢像が、方広寺の足利紫山老師がご所望になられて、ただいまは方広寺にお祀りされているという話が伝わっているのです。朝比奈宗源老師の書籍によれば、ただいまの方広寺の山門が、円覚寺にあった古い山門だというのですが、それは定かではありません。

初めて訪れた方広寺は、まさに霊山というにふさわしい雰囲気でありました。羅漢さん達が迎える参道を感慨無量で歩みました。方広寺では、山門にお祀りしているという羅漢像も拝ませていただきました。

そして、方広寺のすばらしい境致の一室で、大井際断老師と一緒に食事を頂戴しました。大感激の一日でありました。そして明くる年になんと大井際断老師が、私が方広寺で講演したそのお礼に、円覚寺に行きたいと仰せになられたというのです。

平成二十八年五月、小雨降る一日でありましたが、際断老師はお元気に杖も使わずにお歩きになって来山くださりました。大書院で食事を差し上げ、舎利殿もご案内しました。とりわけ国宝の舎利殿の拝観はお喜びいただけました。

大井際断老師はどんな方かと聞かれれば、一言で申しあげれば、「大きな人」であったと思います。お体も堂々としていらっしゃいましたが、お声が大きく澄んでいらっしゃって、何とも言えない大らかさを感じるのでありました。ほんのしばらくおそばにいても、何か大らかなものに包まれるような安らかさを感じるのでした。

方広寺と申しますと、仏教詩人の坂村真民先生の「念ずれば花ひらく」の詩碑もございます。方広寺の足利紫山老師と真民先生はご縁がございました。

随筆集『念ずれば花ひらく』には、紫山老師にめぐりあった折の思いを、このように書かれています。

「私が禅の道を一筋に行こうと思いたったのは、足利紫山老師にめぐりあったからである。私は遠くから老師のお顔を見ていた。なんというい顔であろうか。私は今までこのようないい顔の人に会ったことはない。それはもう老師その人の偉さというより、そのうしろに山がある、川がある、木がある、海がある、空がある、星がある、そのようなゆたかさなのであった、広さなのであった、大きさなのであった、深さなのであった。その時私は思った。ああこんな人になれるなら、自分もこの道を行ってみたいと」

ここにありますように、当時九十七歳の足利紫山管長に出会って、深い感銘を受けられたのでした。多くを語らなくても、その人のお姿に触れるだけでも、その人がほんものであれば、大きな力をいただけるものです。

大井際断老師は、つねづね「お坊さんとして大事なのは、声、顔、姿だ」と仰せになっていたそうです。際断老師は確かに、大きくて明るく清澄なすばらしいお声をしていらっしゃいました。

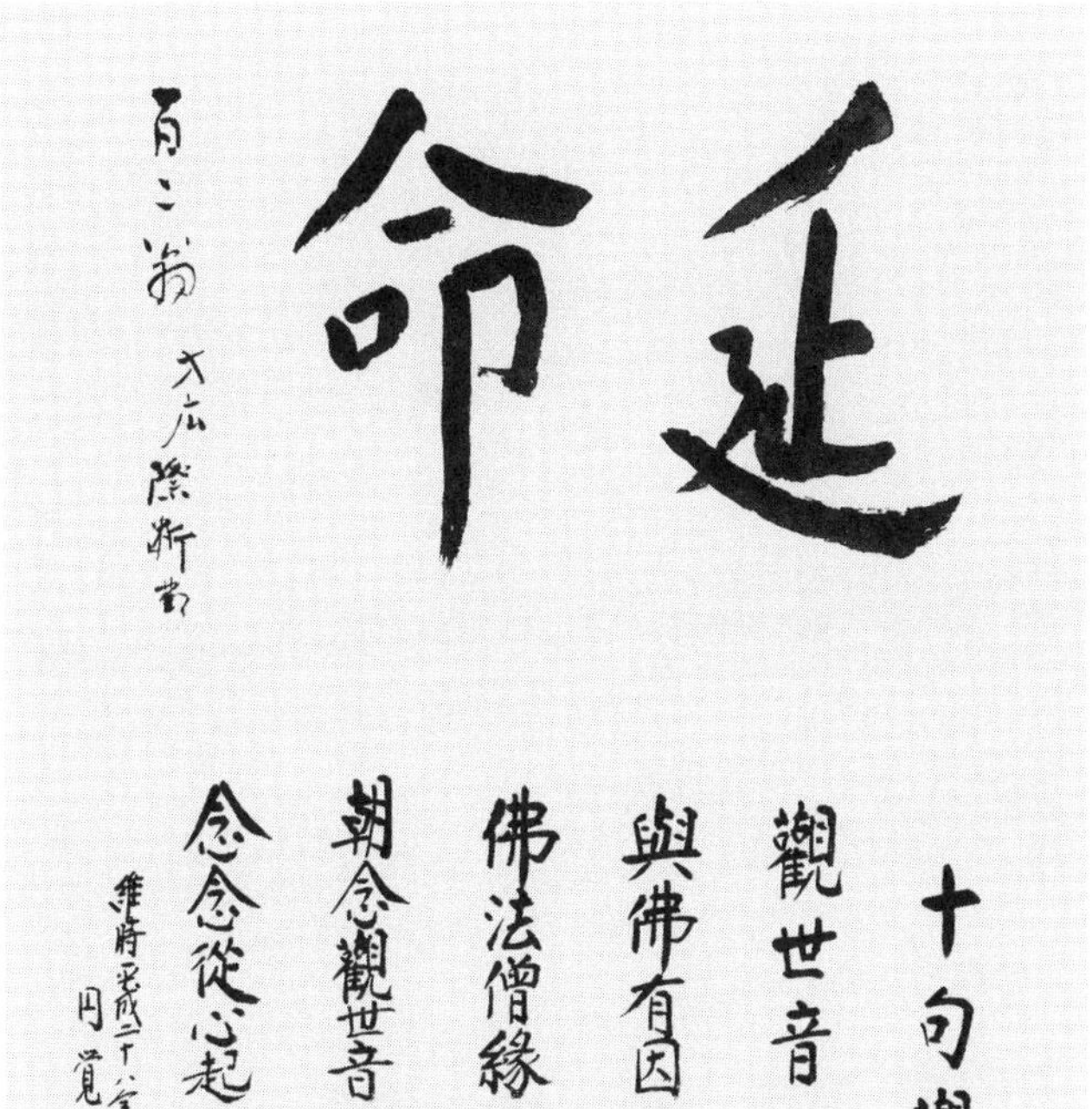
延命
十句觀音經
觀世音 南無佛
與佛有因 與佛有緣
佛法僧緣 常樂我淨
朝念觀世音 暮念觀世音
念念從心起 念念不離心
維時平成二十八年

そして、大正のはじめ頃に生まれ、昭和、平成と長い人生の荒波をくぐり抜けて、それでいてふくよかなお顔をしていらっしゃいました。それに、姿勢が美しくいらっしゃいました。

言葉で伝えることも大事でありますが、それ以前にその声で、おだやかな顔で、すきっとした姿勢で伝わるものも多いと思います。大井際断老師から多くのことを学びました。円覚寺にご訪問くださった折に、私はぜひとも記念にと思って、その場で老師に揮毫をお願いしました。小さな紙に「寿」の一字を書いてくださいとお願いしたのでした。

ところが老師は、なかなかお書きくださりません。首をかしげながら、あれこれ思案をめぐらせていらっしゃいました。ご無理なお願いをしたかなと反省もしたのですが、やおら墨痕鮮やかに、老師は「延命」の二文字を書いてくださいました。

これはいったいどういう意味であろうかと長らく考えていました。その前の年には、方広寺にお伺いして、私は『延命十句観音経』の話をしました。『延命十句観音経』は、もと『十句観音経』という経典に白隠禅師が『延命』の二字を冠せられたのでした。

私は、際断老師の「延命」の二文字の下に、「十句観音経」を全文書いて表装させてもらいました。老師と私の合作の『延命十句観音経』になりました。

しかしながら、際断老師が「延命」の二文字を書いてくださったのは、どういう教えだろうかとずっと考えていました。単に命長らえればいいというわけではありません。老師が、お亡くなりになる三日前まで法話なさったように、最期まで自分の与えられた命を燃焼し尽くすことが大事だと思います。命を生き切ることを教えてくださったのではないかと、老師御遷化の報に接し、また密葬に出かけて老師と最期のお別れをしてしみじみ思ったのでした。

棺中に悠然と横たわるお姿はお元気な時と何ら変わりはありませんでした。最長老の老管長が、最年少の私に、まだまだこれからだぞ、体を大事にして、最期まで命を燃焼させるのだぞ、生き切るのだぞとお説きくださっている声が聞こえるようでした。私はただただ合掌して老師のお柩をお見送りしたのでした。

（『円覚』平成三十年うら盆号）

越格の禅僧

今年は釈宗演老師の百年忌にあたりますので、宗演老師と縁の深い慶應義塾大学で特別展を開催してもらいました。期間中に、東京大学東洋文化研究所准教授の馬場紀寿先生と対談をさせていただきました。

その日は季節外れの台風が来るという悪天候にもかかわらず、八百人収容の大ホールがほぼ満席になったのでした。釈宗演老師という方が、いかに多くの方々から注目されているか、改めて思い知らされたのでした。

こんな文章があります。ちょっと長いですが、引用してみます。

「世界が始まって以来、大小の戦争が、何回起こったか、わからない。そして、そのために、死んだ人数は、当然ながら、少なくない。ある学者の統計によれば、その人数は全部で十四億人（一四〇〇〇〇〇〇〇〇）という。いま、この人数が、その腕を左右に伸ばし、互いにその手を取り合って並べば、その行列は八千四百五十八万三千三百三十マイル（わが国の六百七万六千三百八十三里半）の長さにおよび、この地球の周囲を六百八回も取りまくことができるのである。また、この十四億人の人指し指を、一直線にならべると、その長さは、地球から月に達したうえに、さらに六十万マイル（わが国の三万里ばかり）も先に達する。また、いま、十四億の人を、一人ずつ数え上げようとすれば、毎日十九時間を勘定に費やして、一時間に六千人ずつを数えられるとして、三百六十六年もかかるというのである」

以上は、釈宗演老師の『西遊日記』にある記述です。まだ二十九歳の宗演老師が、セイロン（現、スリランカ）で仏教を学んでいた頃です。

これは明治二十年の話でありますから、戦争で命を落とされた方の数は、そのあとさらに増えていることは言うまでもありません。

遠くセイロンという異国の空を仰ぎながら、こんな計算をしていた宗演老師という方は、しみじみと戦争を繰り返し、お互いを殺し合って止むことのない人類の愚かさを嘆き、どうすれば、人と人が争わないですむ世の中を実現できるのかを、真剣にお考えになっていたのではないかと察するのです。

では、その宗演老師とはどのような人物であったのでしょうか。

釈宗演老師は、『広辞苑』にもその名が載せられています。『広辞苑』を見ますと、「臨済宗の僧。号は洪岳。福井県の人。妙心寺の越渓、円覚寺の今北洪川《いまきたこうせん》（1816～1892）などに就いて参禅、近代的な禅の確立に努めた。円覚寺・建長寺管長、京都臨済宗大学長。（1859～1919）」と記されています。

「近代的な禅の確立」とあるように、古い体制を打破し、近代にふさわしい活躍をされた禅僧であったのです。

生まれたのは、安政六年であり、あたかも安政の大獄の最中でありました。徳川幕府が終わりを告げ、明治新政府が開かれようとする激動の時代に生を享けられました。

幼少から京都の妙心寺で修行を始め、その後、建仁寺でも修行され、二十歳の頃に鎌倉の円覚寺に来て、当寺の管長であった今北洪川老師に師事されました。

普通であれば、十年ないしは二十年もかかろうかという伝統の禅の修行を、わずか五年ほどで仕上げられ、二十五歳には「老師」と呼ばれるようになり、すでに今北洪川老師から、将来の円覚寺を託されるようになられました。

これだけでも、いかに俊英なる禅僧であるか窺い知れますが、宗演老師は単にそれだけでは満足されなかったのです。

伝統の禅の修行を終えた後二十七歳で、慶應義塾に入って、英語を学ばれました。今でこそ大学に入ることは、驚くべきことでもありませんが、この時代に慶應義塾に入ることは、容易なことではありません。

今北洪川老師も慶應に行くことには猛反対されているように、既に当時の常識を打破した行動でありました。そこで福沢諭吉先生とも親交が深まったのです。福沢諭吉先生とのご縁が今回の慶應義塾大学における釈宗演老師の特別展となったのでした。

慶應で英語を学び、当時の世界の最先端の知識に触れた宗演老師は、さらにセイロンに行って仏教の原典を学ぼうとされました。

このセイロン行きも、福沢諭吉先生の勧めがあったようです。福沢諭吉先生は釈宗演老師がセイロンに行く二十五年前に、一八六二年二十九歳の折にスリランカ、ゴールを訪ねています。

福沢諭吉伝には、ゴールで会った僧のことを、「威儀温容兼具わり一見余程の高徳であろうと思われました。私は従来仏法を信じませぬ為に別に坊さんに敬心を起こしたことはありませぬが、この高僧に逢った時のみは何となく随喜の思いがしまして……」と記されています。

そこで、かつて自分がセイロンに行った時と同じ年齢の宗演老師に対して、「汝道に志す、よろしくセイロンに渡航して源流を遡るべく、志や翻すべからず」と励ましています。

今の時代とは違って、この時代にセイロンに行って学ぶことは、まさしく命がけでありました。宗演老師のことを学んで驚かされるのは、その並外れた行動力であります。尋常一般の範疇を高く超えた非凡の力量を具えていることを、禅では「越格《おっかく》」と称していますが、宗演老師はまさに越格の禅僧でありました。

師である今北洪川老師は、セイロンに行く宗演老師に、忍の一字を説いて、はなむけとしました。セイロンではさまざまな苦境にあいますが、宗演老師は、洪川老師から説かれた通り、ただ耐え忍ばれました。セイロンから洪川老師にあてた手紙にも、ただ「忍」の一字を守っていますと記されています。

仏教の原典を学びたいと思い、旅立ったセイロンでしたが、宗演老師が目の当たりにしたものは、当時イギリスの植民地になっていた現地の人の悲惨な有様でありました。もちろんのこと、仏教の原典に用いられるパーリ語も習得され、仏陀以来の戒律を守られる僧侶の姿にはいたく感動するのでありましたが、英国の植民地となって苦しむ人々の姿には愕然としてしまいました。主権を持たない国がどんな目に遭うかを知ることとなったのです。そんなことが宗演老師が書き残された『西遊日記』にも記されています。

また往復の船に乗っていても、東洋人であるからというだけで、不当な差別待遇を受けました。満足な食事すら与えられなかったりしたのです。実に宗演老師は、セイロンに行く体験を通して、今世界において日本やアジアの国がどのような状況下にあるかという時代認識を新たにすることができたのでありました。

セイロンにいる間、福沢諭吉先生に出した手紙の中には、「全体東洋人民も、一種優柔不断という病気を持ち、自由、権利、興益、交通の良薬を服せず、只太平無事の人参《にんじん》剤にて……一朝敵国外患に会うては……将棋倒しに倒れ去るは実に気の毒」と書かれているように、強い危機意識を抱かれて帰国されたのです。

日本に帰って間もなく、今北洪川老師は亡くなり、宗演老師はわずか数え年三十四歳で円覚寺の管長になられました。しかし、宗演老師の危機意識は消えるどころか、かえって深まっています。

当時の日本においては、明治維新のあと廃仏毀釈があって、仏教教団は大きな打撃を受けていました。近代国家へ向けて富国強兵へと突き進む中で、人々の仏教への関心は一層薄らいでいるのでした。

危機意識は今北洪川老師もすでに持っておられて、円覚寺にお入りになるとすぐに、広く一般の人達にも坐禅の門戸を開放し、居士林を開き、東京から参禅に来る者もいたのでした。その中に後の鈴木大拙もいたのです。しかし、それだけでは十分とは言えない、何かをしなければならないと宗演老師は思っていたのであろうと察せられます。

宗演老師が円覚寺の管長に就任された翌年、シカゴで万国宗教会議が催されました。この会議は十七日間にも及び、六千人という多くの方が参加された大会議でありました。ちょうど宗演老師がお生まれになった年に、西洋ではダーウィンの『進化論』が発表されていますが。近代科学が発達するにつれて、この世界は神が造ったものだというキリスト教信仰が揺らぎ始めていました。万国宗教会議とは、そんな中、これからの宗教はどうあるべきか、危機感を抱いたアメリカによって開かれたものでありました。

日本の仏教界にも参加の依頼があったのですが、当時の仏教界は疲弊していて、キリスト教の国に行っても仏教の主張は理解されがたく、かえってキリスト教に呑みこまれてしまうと考え、出席には積極的ではありませんでした。

しかし、そのような中であるからこそ、出るべきだと考えたのが宗演老師でありました。宗演老師をはじめ四名の僧侶がシカゴの宗教会議に出席されたのです。

このシカゴでの宗演老師の演説は大成功であり、この演説を聞いたポール・ケーラス博士が深く感銘を受けて、宗演老師の帰国後に、英語に堪能な者を派遣してほしいと依頼され、鈴木大拙が渡米することとなりました。

シカゴでの演説は二回行われました。一回目は、「仏教の要旨並びに因果法」と題して、

大悲憂世
不憂躬傳
法度生四
海中

仏陀の教えの基本は因果の法であると説かれました。

この世の迷い苦しみをつくり出すのは、自らの欲望によるものであって、他からつくり出されたものではなく、この苦しみから逃れるのも、自らの行いと自覚によるものであることを演説されたのでありました。

近代科学の発達によって従来の信仰が揺らぎ始めた西洋の人達に、近代科学ともなんら抵触することのない宗教のあり方を示されたのでありました。

さらに宗演老師は、「戦ふに代ふるに和を以てす」という、もう一つの演説をなされていました。この演説をなされた記録は、従来二種類残されていたのですが、このたびの慶應義塾での展示に際して調査した結果、宗演老師が用意されたとみられる英文の原稿が発見されて、どちらの記録が正しいか確かめることができました。

当時アジア諸国を植民地支配している西欧の人達を目の前にして、宗演老師は戦争の愚かさと、真の平和を実現するものは何かを説かれたのでした。

一部を紹介します。「戦争が私達に何をもたらしてくれるというのでしょう？　何ももたらしてはくれません。戦争とは、弱い者が強い者に虐げられることに過ぎないのです。戦争とは、兄弟同士が争い血を流し合うことに他ならないのです。戦争とは、強い者が結局、何も得るものがない一方で、弱い者がすべてを失うことなのです」と説かれ、さらに、どうすれば平和を実現できるかについて、「私達の願いは、どのようにすれば、本当にかなえられるのでしょうか?　それを助けてくれるのが、真の宗教なのです。真の宗教が、慈悲と寛容の源なのです。真の宗教の本分は、普遍的な人類愛と恒久の平和という崇高な願いの実現にあるといえるのではないでしょうか。そしてそのために、私達が中心となり、原動力とならねばならないのではないでしょうか」と喝破されています。

そしてさらに、「そのためにも、人種の違いで、差別があってはいけません。……思想や信条の違いで、差別があってはいけません。信仰や宗派の違いで、差別があってはいけません」と述べて、キリスト教ともお互いに認め合い手を取り合うことを訴えられているのです（訳文は『禅文化』一六八号、「戦争という手段に訴える前に」安永祖堂老師訳による）。

この時代の仏教者としてすでに「人類愛」という言葉を使われたことに着目します。視野の広い宗演老師のお心がよく現れています。そして世界の平和を実現する「真の宗教」を目指されたのでありましょう。

シカゴから帰国された宗演老師は国内でも大いに活躍され、四十六歳で管長を辞され、再度渡米してはセオドア・ルーズベルト大統領とも会見して、平和について語りあっているのでした。

まだ二十代の頃、セイロンの空を仰ぎながら、「戦争で亡くなった人はどれくらいの数なのか」、それを考えていた青年僧が、世界を舞台にアメリカ大統領とも平和について語りあうことになったのです。

私達はその志を受け継いで、愚かな戦争や、殺人などをやめて、真の平和の実現する宗教を求めなければなりません。

それは何も決して特別なことではありません。坂村真民先生は「不思議」という詩を残されています。

いくら思うてもわからない
いくら議論してもわからない
それを不思議という
そういう世界のあることを
一輪の花が知らせてくれる
一羽の鳥が教えてくれる
咲き出した茶の花
やってきたつぐみ
大自然の推移のなかに

生きとし生けるすべてのものが
目には見えない深い愛のなかに
生かされ生きているこの不思議に
おのずと手の合わされる
素直な心になったら
憎しみあい殺しあう悲惨冷酷さも
いくらか治まってゆくだろう
あまりにも悪に傾いてゆく
世相を見つつ祈るや切

（『坂村真民全詩集』第五巻より）

平和の実現のため私達に何が出来るでしょうか。宗演老師のような活躍は出来なくとも、身近なところで、一輪の花咲く不思議に手を合わせる、そんな心を大事にすることから始めるしかないと思いつつ、秋彼岸を迎えます。

（『円覚』平成三十年秋彼岸号）

春のひかり――真の宗教とは

円覚寺の開山仏光国師の孫弟子に当たる方に、夢窓国師という方がいらっしゃいます。京都の天龍寺や相国寺、あるいは鎌倉の瑞泉寺の開山としても有名です。円覚寺の第十五世でいらっしゃいます。

夢窓国師のお弟子には、春屋妙葩《しゅんのくみょうは》という高僧がいらっしゃいます。京都の相国寺の第二世であります。

夢窓国師が、春屋に与えた漢詩が残されています。その道号である「春屋」という題です。禅家では「号頌」とも言われる詩です。

百花本《ひゃっかもと》より一枝《いっし》の花なるに
遂《つい》に見る、衆芳《しゅうほう》の我が家に聯《つら》なることを
驀地《まくち》に門を開けば、和気出て

韶光《しょうこう》、此《これ》より河沙《がしゃ》に偏《あまね》し

禅学者の柳田聖山先生の訳（『日本の禅語録7　夢窓』講談社）によると、「咲きほこる百花ももとは一つの枝から出ていて、色とりどりに我が家の庭につらなるのが見える。がらりと前面の戸をあけてみると、東風が吹きこんできて、春光がすでに大千世界にひろがっているのに気付く」とあります。「韶光」を「春光」と訳されています。

新しい年を迎えます。春の訪れを感じます。春の光があまねく満ちわたらんことを願ってやみません。

昨年の後半から、「平成最後の……」という表現をよく目にするようになりました。昨年八月の全国戦没者追悼式も「平成最後の戦没者追悼式」と報じられました。

ご承知の通り、今年の五月には新しい天皇陛下がご即位あそばされ、新しい元号に替わります。新しい年がどんな年であろうか、どんな元号になるのであろうか、関心を持つところです。どんな年であるかと考える前に、まずは平成という時代を振り返ってみたいと思います。

平成が三十年続きました。私などにとりましても、つい先頃、昭和天皇が御崩御あそばされ、「平成」という元号になったように思われますが、早くも三十年なのです。

私自身を振り返ってみますと、昭和の終わり頃に、僧堂に入りまして、今も僧堂に暮らしていますので、平成という三十年は、ずっと修行道場で起居してきたことになります。遭いがたい仏法に出会い、その中でも「禅」の教えに触れて、僧堂というすばらしい道場に置いてもらって、三十年も過ごせたことは、何をおいても幸いであります。

修行道場では、新聞もテレビもありませんので、修行時代には国鉄がＪＲに変わったことも、消費税が導入されたことも知らずに過ごしてきました。ある日のこと、たまさか僧堂のお休みをいただいて、本屋で千円の本を買おうと、千円札を出すと、もう三十円必要だと言われて、不思議に思ったことでした。しばらくは、この三十円が何であるのか分かりませんでした。

そんな中でも、昭和天皇御崩御と平成という新元号に変わったことだけは、僧堂の老師がお教えくださったのでした。

その平成を振り返ると、まず何より感謝すべきは、三十年という長い間、我が国が戦渦に巻き込まれなかったことでしょう。明治以降、日清、日露、太平洋戦争と戦争が続いてきました。二度と戦争をしないと誓って以来、戦渦に巻き込まれなかったことは幸いであります。

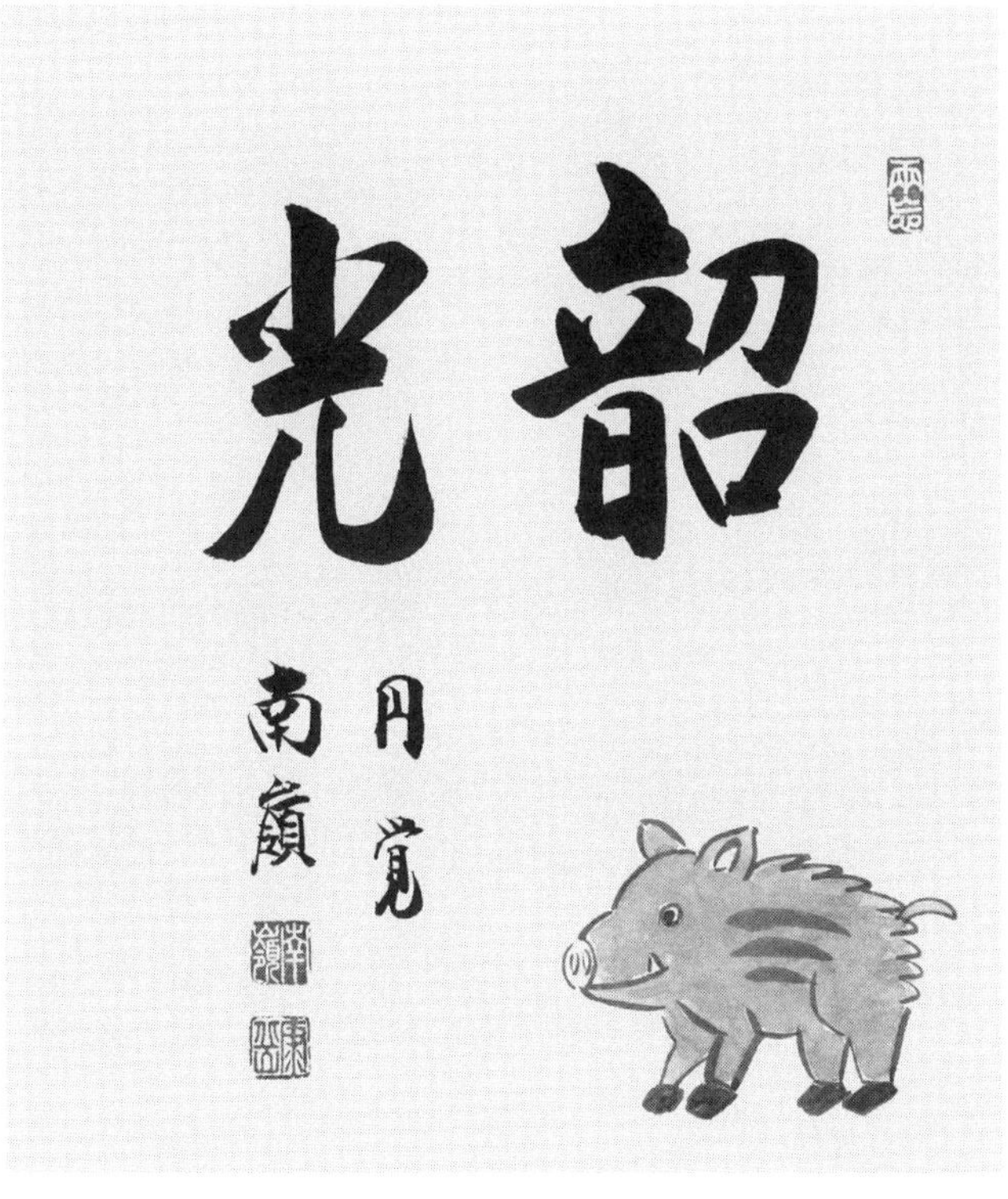
韶光
円覚
南嶺

その他に私は三つのことを考えさせられます。一つは、大自然の災害です。平成の間には、阪神・淡路大震災や東日本大震災などの大きな自然災害がございました。フランスの詩人であり、駐日大使も務めたクローデルが、日本のことを「大津波、台風、火山の噴火、地震、大洪水など、たえず何か大災害にさらされた日本は、地球上の他のどの地域よりも危険な国であり、つねに警戒を怠ることのできない国である」と報じられた言葉を、改めて思い起こしました。

たしかに、平成三年の雲仙普賢岳の噴火、平成二十六年の御嶽山の噴火などでは多くの方が亡くなっています。台風や洪水の被害は、毎年のように報道されています。地震にしても、阪神・淡路大震災が平成七年、平成十六年には新潟県中越地震がございました。平成二十三年の東日本大震災の被害は改めていうまでもないでしょう。その後にも、平成二十八年の熊本地震、平成三十年の北海道胆振東部地震がございました。どの地震にしても、予知の困難なことを思い知らされました。戦渦に巻き込まれずとも、私たちは絶えず大自然の災害に遭っていることを思います。そんな国土に生きてゆかねばならないのだという覚悟が必要なのです。

次には、原子力の問題が露呈したことがあります。東日本大震災においては、地震と津波の被害と共に、福島第一原子力発電所で炉心溶融と水素爆発事故が起きました。

日本初となる原子力緊急事態宣言が発令されて、周辺半径二十キロメートルの住民には避難指示が出されたのでした。緑豊かな自然が放射能に汚染されてしまいました。

ウランとプルトニウムを燃やして発電し、それだけでなく、使った以上のプルトニウムを生み出すことのできる「夢の原子炉」と呼ばれた「もんじゅ」は、資源の少ない日本のエネルギー問題を解決すると期待されていましたが、平成二十八年に廃炉が決定されました。これからのエネルギーをどうしてゆくのか、大きな課題は残されたままです。

大自然の災害とどう向き合うか、これからのエネルギーをどうするのか、私たちはこれからどう暮らしていったらいいのか、そのような問題に答えてくれるのが、本来の宗教であろうかと思いますが、平成の時代には、宗教に対する不信感も強まったのではないかと思われます。

最後に、真の宗教とはどのようなものかを考えてみたいと思います。平成七年、オウム真理教による地下鉄サリン事件が起きて、宗教に対する見方が一変しました。私も円覚寺にいて痛切に感じましたが、その事件までは、大勢の学生さん達が円覚寺に集って坐禅会を行っていましたが、オウム事件以来は激減してしまい、学生の坐禅会は自然消滅の道を辿りました。

「宗教みたい」という言葉は、悪い意味で使われるようになってしまいました。元来は、人の心に安らぎを与えるはずの宗教が、恐怖心を抱かれるようになってしまったようです。平成の終わりを象徴するかのように、オウム真理教事件の死刑囚十三人の死刑が執行されました。はかなくも刑場に散った人も、生まれた時は純真な子供であったのでしょう。人間は、どのような人に出会い、どのような教えに触れるかで、どうなってしまうか分からないのだと改めて思い知らされました。

人々の幸福と安寧をもたらす、真の宗教とは何かを考えざるを得ません。仏教詩人の坂村真民先生は「喜び」という詩で詠われました。

信仰が
争いの種となる
そんな信仰なら
捨てた方がいい
大宇宙
大和楽
任せて生きる

喜びよ

和楽というのは、それぞれがお互いに相和して楽しんでいる姿です。

真民先生は八十一歳の時に、宮崎県の高千穂神社にお参りして、その夜神楽を見て、「大和楽」の神気をいただかれ、さらに熊本県の幣立神宮《へいたてじんぐう》にお参りして、その祭神に「大《おお》宇宙大和神《とのちおおかみ》」さまがあられることを知って、ここで大宇宙の神意に触れられました。二つのお宮から、「大宇宙大和楽」という新しい世界観、宇宙観への大きな想念を得られたのでありました。

私も昨年の夏に二つの神社をお参りしました。とくに高千穂神社の夜神楽を拝見して、和楽の姿に感動しました。真民先生はこんな詩も残されています。

信念と信仰

いろんな木があり
いろんな草があり
それぞれの花を咲かせる
それが宇宙である

だから人間も
各自それぞれ
自分の花を
咲かせねばならぬ
それが信念であり
信仰である
統一しようとすること勿れ
強制しようとすること勿れ

お互いを尊重し合いながら、強制しようとしない、統一しようともしない、和楽の世界を目指したいと思います。

新しい時代も、どうか戦禍を被ることのないようにと願いつつ、大自然と調和しながら、人としてどう生きるべきかを求めて、勤めてまいりたいと思っています。

そして「韶光」の降り注ぐ年となることを祈ります。


（『円覚』平成三十一年正月号）

心を調える

お彼岸は、仏教の行事の中でも日本独自のものです。何度か申し上げているように、こちらの岸が迷いの世界であるのに対して、彼岸は悟りの世界を表します。その彼岸に到るには、仏教では六つの行いが必要だと説かれています。六波羅蜜《ろくはらみつ》と申します。波羅蜜とは、「彼岸に到る」という意味の梵語がもとになっています。

六つの行いとは、布施《ふせ》と持戒《じかい》と忍辱《にんにく》と精進《しょうじん》と禅定《ぜんじょう》と智慧《ちえ》の六つであります。大乗仏教では、この六波羅蜜が大切な修行とされてきました。

第一が布施です。施してあげることです。修行というと、滝に打たれたり、断食をしたり、険しい山を駆けたりすることを思い浮かべるかもしれませんが、大乗仏教で大事なのは布施です。人に何かを施してあげることです。

お釈迦様が前世に兎であった時、旅人に自分の体を施してあげたという話が伝わっているほど、施しは大切な修行なのです。施しには、物を施すこと、教えを施すこと、安らかなこころを施すこと、などがございます。

第二には、持戒です。戒をたもつことです。この春には、円覚寺の本山で授戒会を行います。四日間で千二百人もの方々に戒を授けます。戒の基本は、生きものをむやみに殺さないこと、人の物を盗み取ることをしないこと、うそ偽りを口にしないこと、男女の道を乱さないこと、酒に溺れて生業を疎かにしないことです。心にこういうよき習慣をつけることを説いています。

第三には、忍辱で、堪え忍ぶことです。思うようにいかないことがあっても、堪え忍んで怒りをあらわにしないことです。これも大事な修行なのです。

第四が、精進で、努力することです。命ある限りは怠らずに努力を続けることが修行です。

そして第五が禅定で、心を静めることです。我々の禅宗では、この禅定を最も大切な修行としています。その禅定によって、正しい道理を明らかにする智慧が身につきます。

釈宗演老師は、この六波羅蜜を私たちの体に譬えて説かれています。

「布施は手の如し、持戒は足の如し、忍辱はこれ腰、精進はこれ脳、禅定は即ち心、智慧は即ち目」であると説かれています。

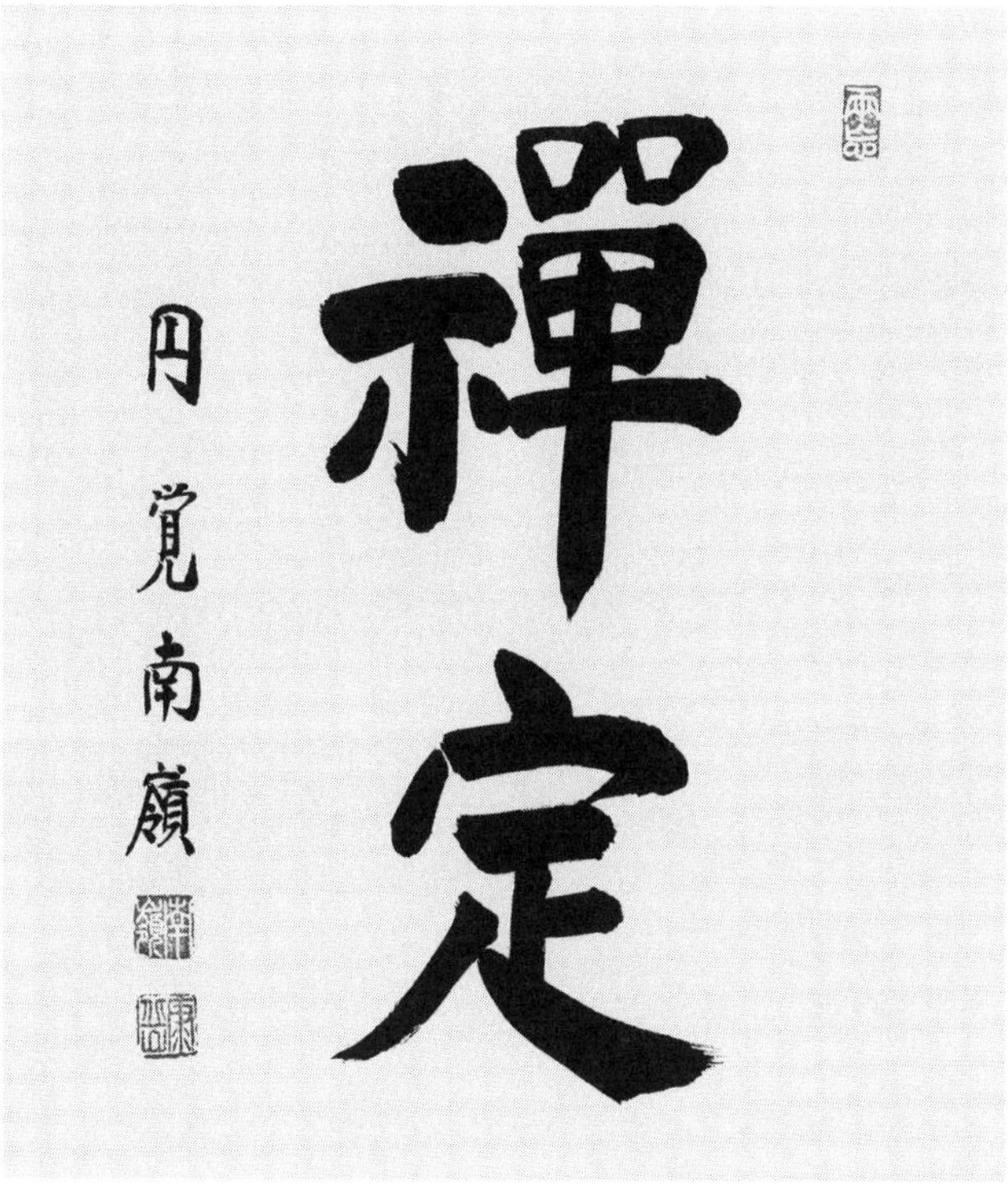
禅定
円覚南嶺

布施は、お互いの手から手へと物を渡し合いするように、心の手と手を以て互いに慈愛同情を渡し合うことだと説かれています。持戒は足で、私たちはどこに行くにも足によって歩むように、持戒は心の足となって修行が行われてゆくのです。

忍辱は腰といいますのは、腰は体の要であって、腰がしっかりしてこそ物事はうまく成し遂げられます。そのように辛抱強い心の腰が大切です。

精進は脳とありますのは、脳はあらゆる神経の集まる中枢で、脳はあらゆる神経にははたらいているように、お互いの生活には常に精進努力することが中枢でなければなりません。

最後の智慧は目であるというのは、目によって物事を見分けていくように、智慧の目で真実を見抜いてゆくことが肝要です。

そうした体のはたらきのすべてを統括するのがお互いの心です。禅定はまさにこの心を調えることです。禅とはまさに、この心を調える修行にほかなりません。

禅は、「禅那」という言葉がもとで、静かに慮るという意味です。お釈迦様から伝えられた仏教が、中国に到って禅の教えとして発展しました。それが日本に伝わって、禅宗として親しまれています。禅は、今や日本のみならず、世界の国で注目を集めています。

昨年、日仏友好一六〇周年を記念してフランス・パリを主な舞台とした大型日本文化紹介企画「ジャポニスム二〇一八：響きあう魂」が開催されました。

会期は、二〇一八年七月から二〇一九年二月までという実に長い期間です。展覧会では、日本文化の原点とも言うべき縄文文化の紹介に始まり、近年注目されている伊藤若冲など、琳派の絵画や、最新のメディア・アートやアニメ・マンガ・ゲームに到るまで、多岐にわたって紹介されました。

舞台公演では、日本文化を代表する歌舞伎や、能・狂言はもとより、雅楽から現代演劇に到るまで公演がなされたのです。さらには食、祭り、禅、武道、茶道、華道ほか、日本人の日常生活に根ざしたいろいろな文化の側面に焦点を当てた交流事業も含め、幅広い範囲の事業が次々に行われたものでした。

その数ある企画の中に、禅文化週間が設けられ、十月二日から七日まで、禅文化を紹介するパネルの展示や、ビデオの放映、それに坐禅会と講演会が催されました。

普通であれば、こういう公の事業に特定の宗教が関わることはあり得ないのです。これは禅が、宗教という枠を超えて、日本の文化として日仏両国に認められたことを表しています。

その坐禅会と講演会のために、日本から十人の臨済僧が渡仏しました。坐禅会は合計七回、どれも予約で満席となる盛況ぶりでした。講演会も五百名の参加者を得て、改めてフランスにおいていかに禅が注目されているか、思いを新たにしました。

そこで私が講演をさせていただきました。フランスにおいても、ヨーガや瞑想などが流行しているようで、禅もまた大いに注目されていることを実感してきました。


昨年の夏にタイの国で、チェンライの洞窟にサッカーチームの少年十二人とコーチの合計十三人が閉じ込められるという事故がありました。

世界中にニュースは伝わり、安否確認できない時期は非常に心配されましたが、洞窟の中での生存が確認され、タイのみならずイギリスや世界各国からのダイバーによる必死の救助活動などによって、十三人は無事に救出されました。

二週間あまりもの間、洞窟に閉じ込められていたのですから、大変な状況です。真っ暗な中で、食料もなく、飲み水は滴り落ちる水のみなのでした。そんな中で、心が錯乱してしまう恐れもあります。もしも心が錯乱してパニックになっていたら、どうなっていたかわかりません。

ただそのコーチが二十五歳の青年ですが、八年間も出家修行した経験があって、洞窟の中で子供達に瞑想を教えて実践していたということでした。タイの仏教では、禅という言葉を使わないのでしょうが、心を調えるという点では通じるところがございます。

もし、自分が同じ状況に置かれていたらどうだったろうかと考えると、いかがでしょうか。子供達を落ち着けられるでしょうか。子供達どころか、自分自身の心を落ち着けることも難しいものでしょう。心を調える瞑想を身につけていたことが、多くの命を救ったのでした。

また、この事件がもし日本で起きていたらどうだったろうかと考えます。洞窟に引率したコーチの責任は厳しく問われたことでしょう。しかしタイは、仏教の教えが浸透しているようで、どのような行いであろうとも、それがどのような思いによってなされたのかが重要視されます。

人を苦しめようとする意図によって行ったのではないならば、仏教では罪には問われないのです。苦しんでいる人をさらに追い詰めるようなことはしないというのです。

お釈迦様が説かれた心を調える教えは、このように仏教国タイでは、ゆきわたっているように思われました。そして、今や禅はZENとして世界に弘まっています。

私たちも、さらに一層、禅を学び実践し、心を調える教えを身につけて、六波羅蜜の実践に心がけたいものです。

（『円覚』平成三十一年春彼岸号）

華厳の教え

円覚寺の中興大用《だいゆう》国師誠拙周樗《せいせつしゅうちょ》禅師の二百年遠諱と釈宗演老師の百年遠諱とを記念して、東京・日本橋の三井記念美術館で『円覚寺の至宝』と題した特別展が行われました。そのパンフレットには、「円覚寺の開創と華厳禅」という言葉がございます。「華厳禅」という言葉は耳慣れないかもしれません。しかしながら、円覚寺の開創には華厳の教えが深く関わっています。

まず円覚寺のご本尊は、仏殿にお祀りされている宝冠釈迦如来でありますが、これは華厳の釈迦とも呼ばれてきました。円覚寺の開山仏光国師の語録を拝見しますと、毘盧遮那《びるしゃな》仏《ぶつ》をお祀りしたと書かれています。毘盧遮那仏とは、まさしく華厳の仏様なのであります。

華厳の教えといってもあまり馴染みがないように思われます。華厳宗という宗派は今もございまして、奈良の東大寺が華厳宗の本山であります。東大寺のご本尊は、毘盧遮那仏であります。

毘盧遮那仏というのが、どういう仏様かというと、実に広大な仏様で考えが及ばないほどなのでありますが、少しずつ考察してまいりたいと思います。

司馬遼太郎さんに『十六の話』という書物があって、その中に華厳について書かれたところがございます。

「華厳思想にあっては、一切の現象は孤立しない。孤立せる現象など、この宇宙に存在しないという。一切の現象は相互に相対的に依存しあう関係にあるとするのである。華厳の用語でいえば、〝重重無尽《じゅうじゅうむじん》〟ということであり、たがいにかかわりあい、交錯しあい、無限に連続し、往復し、かさなりあって、その無限の微少・巨大といった運動をつづけ、さらには際限もなくあらたな関係をいとなみつづけている。大は宇宙から、小は細胞の内部までそうであり、そのような無数の関係運動体の総和を華厳にあっては〝世界〟というらしい」。

僧堂では、自分たちで食べる野菜を畑で作っています。ジャガ芋などは、それほど手間が掛からずたくさんの収穫があるので、たすかっています。

そのジャガ芋ひとつとってみても、それだけで成り立つものではありません。

もともとの原産地は南米ペルーです。スペイン人がペルーでこの芋を発見し、ヨーロッパから東南アジアを経て日本に伝えられたのでした。ペルーは日本から見れば地球の裏側であり、この芋は地球を半周する旅を経て日本に来たことになります。

さらに元来病気に弱い芋であったらしいのですが、幾たびもの品種改良を経て今のように簡単に栽培できるようになったというのです。

ジャガ芋ひとつとってみても、ペルーで発見したスペイン人、それをヨーロッパ、東南アジア、日本に伝えた人、品種改良した人、実にこの地球全体が関わりあってできているということができます。

そういうすべてのものがお互いに関わり合った世界が、毘盧遮那仏の現れであると説くのであります。実に毘盧遮那仏は広大無辺なる仏様なのです。

その広大なることを表現しようとしてあらん限りの力を用いて、大きな仏様を造ったのが大仏様ではなかろうかと思います。円覚寺のご本尊にしても、大変大きな仏像であります。しかしながら、どれほど大きな仏様を造ったとしても、まだまだそれよりもはるかに広大無辺なるのが毘盧遮那仏なのであります。

毘盧遮那仏が鎮座まします世界を「蓮華蔵世界」と申します。「果てなき宇宙」でもあります。

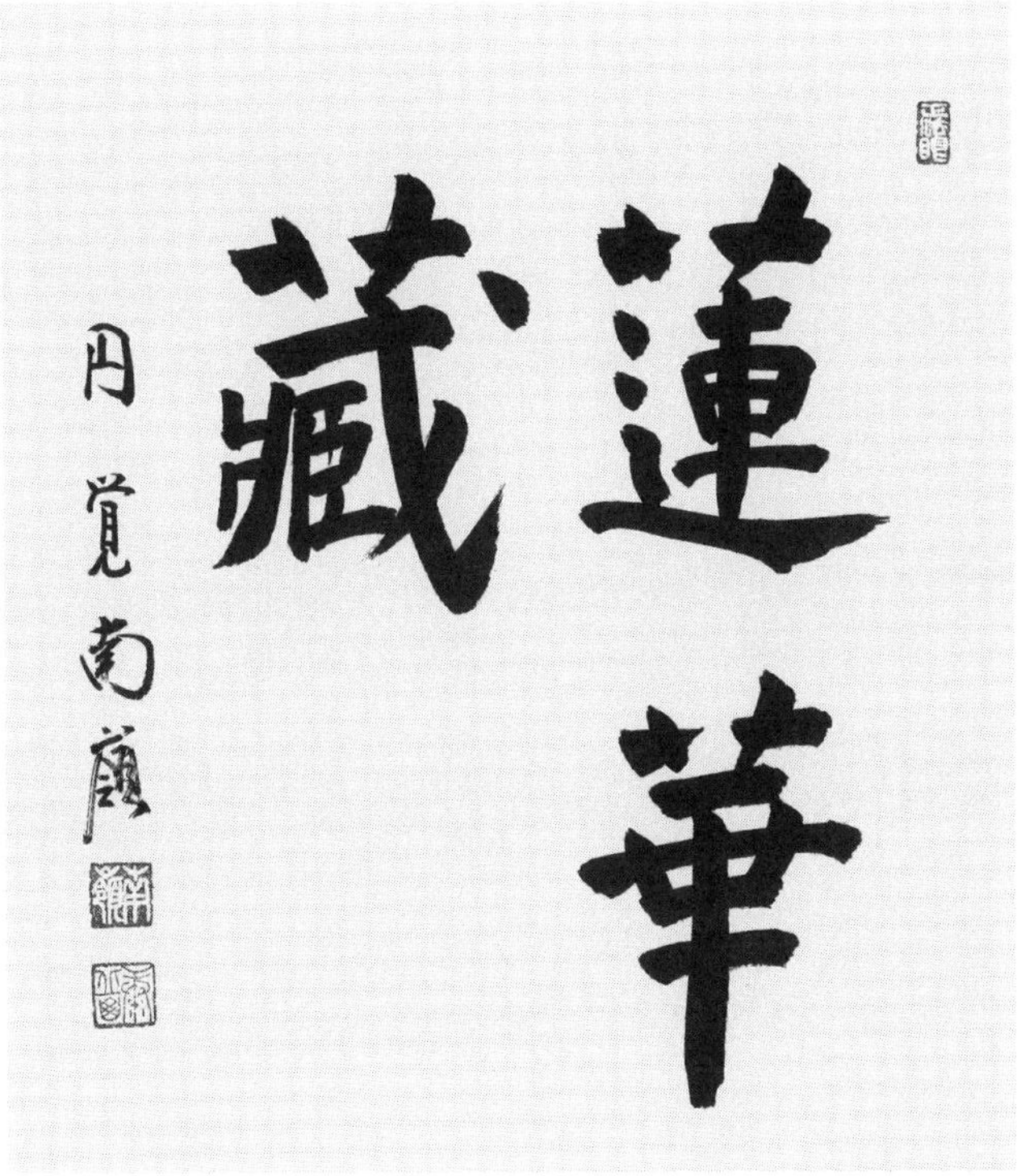
蓮華藏

奈良の大仏様は、大きな蓮の花の上にお坐りになっています。その蓮の花弁の一枚一枚には仏様の絵が描かれています。奈良の大仏様は五十六弁の花弁に坐っておられますが、本当は毘盧遮那仏は千枚もの蓮弁にお坐りになっていると申します。

そしてその一枚一枚の蓮弁にはお釈迦様が鎮座して、そのお釈迦様もまた千枚の蓮弁にお坐りになっています。千枚の蓮弁に百億もの仏の世界が広がっていると説かれています。

一枚の蓮弁に無限の世界が広がっているのです。このところを司馬遼太郎さんは、沙漠の砂で喩えています。

「沙漠は、一粒ずつの砂でできあがっている、その一粒の砂の中にも、生成されたいきさつがあり、またそれが構成されている成分がある。その一粒の砂の内部からたとえばタクラマカン沙漠そのものを感ずることができるし、さらには、宇宙までがその一粒の中に入りこんでいることを知覚することができる」(『十六の話』より)。

この世界は、砂の集まりのようなものかもしれません。塵の集まりとも言えましょう。しかし、その一粒の砂に、一つの塵に無限の仏様がおられるのです。

古人はこのような歌を作って表現されています。「かたじけな一つの塵の中にだも　よもの仏のこもらぬはなし」と。この歌は、たった一つの塵の中に大宇宙の仏様がこもっていることを表現しています。

さらに華厳の教えには、帝網珠《たいもうじゅ》という喩えがあります。インドラ神の宮殿である帝釈《たいしゃく》天《てん》宮に、それを荘厳するために幾重にも重なり合うように張りめぐらされた網があります。それが帝網ともいわれます。

その一つ一つの結び目に宝珠がつけられていて、数えきれないほどのそれら宝珠が光り輝き、互いに照らし映し合い、さらに映し合って、限りなく照応反映する関係にある。

それはすべての存在が重重無尽に交渉し合って相即相入《そうそくそうにゅう》し、互いに入りくんでいて、一体不離《いったいふり》であることの喩えです。

一粒の光が、まわり一切に影響を及ぼしてゆくのです。たった一つの光は微少かもしれませんが、無限に広がってゆくのです。一人の人の思いや願いが、まわりに大きな影響を与えてゆくのです。

華厳の教えでは、普賢《ふげん》菩薩の十大願《じゅうだいがん》が説かれています。

一、礼敬諸仏《らいきょうしょぶつ》　仏様を礼拝すること。
二、称讃如来《しょうさんにょらい》　仏様のすばらしい徳を称讃すること。
三、広修供養《こうしゅくよう》　広く仏様を供養すること。
四、懺悔業障《さんげごっしょう》　過ちを悔い改めること。

五、随喜功徳《ずいきくどく》　よき行いをし功徳を積むことを喜ぶこと。
六、請転法輪《しょうてんぽうりん》　教えを説いてくださるように請い願うこと。
七、請仏住世《しょうぶつじゅうせ》　仏様がこの世に住するように願うこと。
八、常随仏学《じょうずいぶつがく》　いつも仏様にしたがって学ぶこと。
九、恒順衆生《こうじゅんしゅじょう》　生きとし生けるものを父母のように敬うこと。
十、普皆廻向《ふかいえこう》　すべての功徳をみんなにふり向けるように願うこと。

一人の人が願いを起こすと、それは光となってまわりを照らしてゆきます。まわりにも大きな光を与えていきます。光と光がお互いに照らし合って一つの大きな輝きになってゆくというのが華厳の世界なのです。

そのような、広大無辺なる毘盧遮那仏の現れであるこの世界の中では、敵も味方も平等なのであります。そこで怨親平等《おんしんびょうどう》という教えが出てきます。

円覚寺は、この怨親平等の心をもって、元寇《げんこう》で亡くなった多くの人たちを敵味方の区別なくご供養するために建てられました。まさしく華厳の教えを表した寺であるのです。

仏光国師のこういう思いは、夢窓国師にも受け継がれてゆきました。夢窓国師ゆかりの寺、天龍寺などは、足利氏にとっては敵であった後醍醐天皇の御霊をお祀りするために建てられたお寺です。

一人一人がどのような思いを抱き、願いをもってゆくかでこの世界は変わってきます。よき思い、よき願いが世界を造る、心によって世界が造られるというのもまた、華厳の教えなのであります。

円覚寺におまいりになって、仏殿のご本尊様にお手を合わせるときには、華厳の仏様であり毘盧遮那仏であることを思い起こし、華厳の教えも少し思い起こしていただければと思います。


（『円覚』令和元年うら盆号）

寿と康

令和となって初めての正月を迎えます。令和は、『万葉集』にある「初春の令月にして気淑《よ》く風和らぎ……」から、採用されました。初春の良い月で、気は清く風は和らいでいるという意味であります。

新年を迎えるに当たりまして、清く和らいだ一年であることを願います。新年をことほぐ言葉として「寿康」の二字を揮毫《きごう》しました。

最近、とある方から、山田無文老師の書「寿康」を頂戴する機会がございました。無文老師にご縁の深い方であって、私の著書を読んで、私もまたわずかではありますが、無文老師とのご縁をいただいていることを知って、わざわざ直筆の書を下さったのでした。扇面に揮毫されたものでありましたので、早速、掛け軸に表装しました。

「寿康」は、古いところでは、秦の始皇帝が、宝玉から作らせた印璽《いんじ》に刻まれた文字で、「命を天より受け、寿《としなが》くして且つは康《やす》からん」と刻まれていたそうです。但しこの文は

「命を天より受け、寿くまた永昌ならん」という説もあるそうです。

「寿」は「いのちながし」とも読みます。文字通り、寿命の長いこと、あるいは、いのち、とし、よわいといった意味もございます。「ことほぐ」「いわう」という意味で用いることもあります。

「康」は、やすい、やすらか、丈夫、達者、すこやか、やわらぐ、仲がよい、楽しい、楽しむなどの意味があります。

「寿康」で、長生きで健康なこと、という意味です。

夢窓国師のお弟子で、相国寺を開山された春屋妙葩《しゅんのくみょうは》禅師の正月のお説法に、「福壽康寧」という文字を見ることができます。「寿」と「康」とは誰しもあやかりたいものであります。


山田無文老師も、お若い頃に結核を患い大病をなされたのですが、病を克服して修行されて、健康で八十八歳という長命でいらっしゃいました。

無文老師は、仏道を求めて河口慧海《えかい》師の下で出家されましたが、あまりにも厳しい修行生活のため体をこわし、当時、不治の病と怖れられた結核に罹ってしまいました。

故郷に帰って療養しながらも、兄が同じ結核で亡くなるという経験をして、死の恐怖に直面されました。

そんな時期、梅雨の終わる頃に縁側に坐って南天が白い蕾をもっているのを見ていて、気持ちのいい風が頰をなでてくれるのを感じて、ふと「風とは何だったたか」と考えたそうです。

以下、無文老師のご著書『わが精神《こころ》の故郷《ふるさと》』から引用させていただきます。

「風は空気がうごいているのだ、と思ったとき、わたくしは鉄の棒で、ゴツンと背中をどやされたような衝撃をうけた。……生まれてから二十年もの長い間、この空気に育てられながら、この空気に養われながら、空気のあることに気がつかなかったのである。……『おれは一人じゃないぞ。孤独じゃないぞ。おれの後ろには、生きよ生きよとおれを育ててくれる大きな力があるんだ。おれはなおるぞ』と思った。人間は生きるのじゃなくて、生かされるのだということをしみじみ味わわされたのである。わたくしの心は明るく開けた」。そんな体験をされて、

大いなるものにいだかれあることを　けさふく風のすずしさにしる

という和歌を作られました。それから段々と健康を回復していって、後には神戸にある

239　寿と康

祥福寺僧堂の師家、京都花園大学学長、妙心寺派管長を歴任され、昭和六十三年の年末に八十八歳でお亡くなりになりました。昭和を代表する禅の高僧でありました。

無文老師が、このような話をなさるのを、私はまだ中学生の頃、ラジオで拝聴して感動しました。さらに高校生の頃に無文老師にお目にかかるご縁をいただいたのでした。その時の感動は、四十年経った今も忘れることはありません。

そんな無文老師の直筆をいただいて、なにか無文老師から、身体に気をつけて健康で長生きして、しっかりと人々のために尽くせよ、とお言葉をいただいたような思いがしています。

しかしながら、いくら長生きをしたとしても、お互いの寿命には限りがあるものです。限りのある命ではありますが、それが無文老師の詠われた「大いなるもの」に生かされているのだと気がつくことが大切であります。

昨夏、多年ご著書を通して尊敬申し上げてきた曹洞宗の尼僧である青山俊董老師のお寺に招かれて、法話をするというご縁にめぐまれました。

その時に青山老師からご著書をいただきましたら、その本の扉には、私が好きでよく法話で引用する老師の和歌が墨痕鮮やかに書かれていました。

その中にありとも知らず晴れ渡る　空にいだかれ雲の遊べる

青山老師はご著書『くれないに命輝く』の中で、「その中」というのは、仏さまの御手のど真ん中ということ。気づくと気づかぬとにかかわらず、いつでも御手のど真ん中であることに変わりはなく、御手のど真ん中での起き伏しなのである、と解説されています。大いなるみほとけの御命の中に抱かれたお互いの一生であります。そのように受け止めることで、真のやすらぎ、安心が得られます。

詩人坂村真民先生に「限りあるいのちを持ちて」という詩がございます。

限りある
いのちを持ちて
限りなき
いのちのひとを
恋いたてまつる
いきとし生けるもの

いつの日か終わりあり
されど
終わりなきひといますなれば
一日《ひとひ》のうれしかりけり
一生《ひとよ》のたのしかりけり

（『坂村真民全詩集　第二巻』より）

みほとけに見守られ、大いなるものに抱かれた起き伏しであることに気づいてこそ、今日という一日が「寿」であると受け止めることができます。そして、一日一日をよく勤め、今年一年、身体に気をつけて、お互い「康」らかであるように祈ります。

（『円覚』令和二年正月号）

一遍上人

坂村真民著『一遍上人語録——捨て果てて』の中に、次のような一節があります。

「となふれば仏もわれもなかりけり　南無阿弥陀仏なむあみだぶつ

この歌を見ると、いつも思い出す。それはある年のこと、あの朝比奈宗源老師がいられた鎌倉の円覚寺を訪ねた時、門のところにこの歌を大きく書いて掲げてあった。まあ禅寺に一遍上人の歌がと思いながらも、そこが禅のいいところだと、しばらく足をとどめてなつかしく眺めていた」と。

おそらく、昭和四十五年の夏のことであろうと思います。仏教を学び、禅に参じて、さらに一遍上人の心を受けついで詩を作られた真民先生には、禅の教えも一遍上人のお念仏もひとつのものになっていたと思われます。

不思議なご縁で、昨年、神戸にある禅寺で、この一遍上人の歌をしるした歌碑が建立されて、その除幕式と講演会に行ってまいりました。

この一遍上人の歌は、一遍上人が法灯国師に参禅した折に作られたものです。後世の作という説もあるようですが、『一遍上人語録』にも記載されていますので、その記述に従います。

一遍上人は神戸の宝満寺におられた法灯国師（心地覚心）に参禅されました。その折りに法灯国師は、「念起即覚」という問題を与えられました。念が起こったならば、速やかに目覚めよという教えであります。

その問題に対して、一遍上人は最初、「となふれば仏もわれもなかりけり　南無阿弥陀仏の声ばかりして」という歌を示されました。法灯国師はその歌をご覧になって「未徹在」と仰せになりました。まだ十分ではないということです。

さらに工夫を重ねて一遍上人は、「となふれば仏もわれもなかりけり　南無阿弥陀仏なむあみだぶつ」という歌を示されたところ、法灯国師は一遍上人をお認めになったというのです。

真民先生は、次のように解説されています。「つまり声ばかりしての歌は未徹底であり、南無阿弥陀仏なむあみだ仏の歌は、徹底していて合格だというのである。たしかに『ばかりして』という言葉は、歌ことばとしても良くない。夾雑物が感じられ、澄んでいない。

……おそらく一遍上人のどこかに、まだ無が無念になりきっていないものがあったであろう。そこを未徹在と言って突き放したのである」と。

「声ばかりして」の歌では、まだ念仏している自分と、阿弥陀さまとの間に隔たりがあると感じられます。後者の歌は、南無阿弥陀仏一枚になりきっているのです。

歌碑の建立された神戸のお寺というのは、宝満寺といって、法灯国師の御開山であり、一遍上人との問答がなされたお寺でもあるのです。そんな由緒のあるお寺ですので、一遍上人との問答が行われたことを多くの方にも知ってもらおうと、歌碑が建立されたのでした。

宝満寺の和尚は、南禅寺派の布教師としてもご活躍の方であり、私もよく共に研修をさせていただいて、数年前にも法話にお伺いしたご縁もあって、歌碑の字を私が揮毫させていただき、除幕式とその記念講演を勤めさせてもらったのでした。

宗派にこだわる方からすれば、禅の寺に念仏の歌碑など建てるのはもってのほかと思われるかもしれません。しかし、真民先生の著書にありましたように、朝比奈宗源老師の頃に円覚寺の門のところの、おそらく掲示板にこの歌が書かれていたというのですから、昔から禅では南無阿弥陀仏であろうと、真理を詠っていれば気にしないところがあるのです。

一遍上人というお方は、私ども禅宗からみても実に禅的な方だと思っています。また私自身は特別な思いをもって親しみを感じています。

私は、まだ高校二年生の時に、真民先生と手紙のやりとりをして、真民先生から『一遍上人語録』をいただいて愛読していました。

そして、一遍上人に親しみを覚える点は二つあります。一つは、一遍上人は私のふるさとである熊野権現に参籠して念仏の教えについて啓示を受けられたこと、そしてもう一つが、私が参禅をしていた和歌山県由良町の興国寺を開山された法灯国師に参禅をされたことの二つです。

一遍上人は、延応元年（一二三九）のお生まれで、正応二年（一二八九）に五十歳でお亡くなりになっています。伊予（愛媛県松山市）の豪族である河野家の次男としてお生まれになっています。

十歳の時、母が亡くなり、父の命によって、仏門にはいりました。太宰府の聖達上人のもとで浄土の教えを学ばれました。

そこへ父の訃報が届いて帰郷されました。八年ほど暮らして、親類間のいざこざがもとで、一遍上人が襲撃されるということもあり、一念発起し、故郷伊予を旅立ちました。

最初に訪れたのは信州の善光寺でした。さらに故郷へ戻り、窪寺という閑室に籠り一人、念仏三昧の修行をなされました。

このときに、阿弥陀様は十劫という遠い昔に成仏されたのだが、十劫の昔の成仏と今の一念の念仏とは同時であると気がつきました。

そうしますと、極楽とこの世は同じことで、どこにいても阿弥陀の教えに浴することができるという確信を得られました。

そして、文永十年（一二七三）三四歳で岩屋寺での参籠を経て、家や土地など一切を捨てた遊行の旅に出られました。

一遍上人は遊行で出会った人々に、「南無阿弥陀仏」と書かれた念仏札を配られました。これを「賦算」と申します。

そんなお念仏のお札を配って遊行していて、熊野で出会った一人の僧に念仏札を受けるように勧めたときに、自分は信心が起こらないので受け取れないと拒否されました。そこで一遍上人は熊野本宮に参籠して、熊野権現の啓示を受けられました。

熊野権現が示されたのは、「念仏を勧める聖よ、どうして念仏を間違えて勧めているのか。あなたの勧めによって、すべての人々がはじめて往生するのではない。南無阿弥陀仏ととなえることによって、すべての人々が極楽浄土に往生することは、阿弥陀仏が十劫という遠い昔、正しいさとりを得たときに決定しているのである。信心があろうとなかろうと、心が浄らかであろうとなかろうと、人を選ぶことなく、その札を配るべきである」というものでした。

なぜ念仏の教えを熊野の権現さまが示されたのか、なぜ念仏の教えを求めて熊野に参籠されたのか不思議に思われるかもしれませんが、熊野の本宮は阿弥陀さまが仮に姿を現したものだという信仰がありました。

この熊野権現の教えを受けたのが、一遍上人三十五歳のときであり、時宗の始まりでもあります。

そののち四国、中国地方、京都、信州、関東、東北へと一処不住の生涯を送られました。そのように全国各地を巡り、十六年間で二十五万一七二四人の人に念仏札を配ったというのです。

そして正応二年（一二八九）、数え年五一歳の時、神戸の観音堂（現、神戸市兵庫区、真光寺）において示寂されました。

一遍上人は亡くなられる直前に、所持していた経典を書写山円教寺の寺僧にお渡しになり、その他の書物は『阿弥陀経』をお読みになりながら焼き捨てられました。

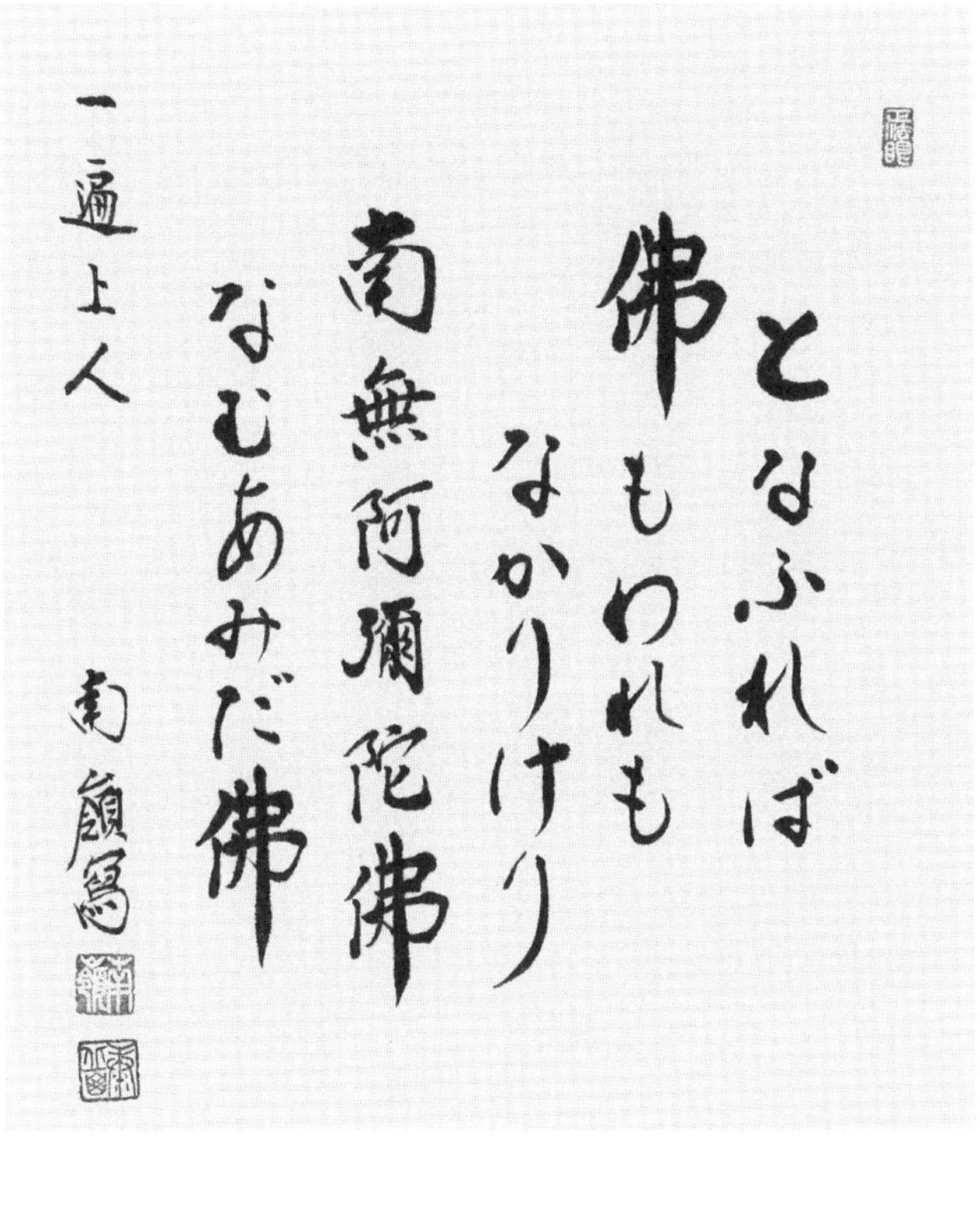
となふれば
佛もわれも
なかりけり
南無阿彌陀佛
なむあみだ佛
一遍上人

五十一年のご生涯で一冊の著書も残そうとはされず、ひたすら全国を遊行し、「南無阿弥陀仏」の念仏札を人々に配る旅を続けられました。

そんな心境を「一代の聖教みな尽きて南無阿弥陀仏となりはてぬ」と仰せになっています。そのようなお姿から「捨聖」と呼ばれています。

「我体を捨て南無阿弥陀仏と独一なるを一心不乱といふなり。されば念々の称名は念仏が念仏を申なり」と一遍上人は仰せになっていて、それは、自分の身体を捨てて南無阿弥陀仏とひたすら一つになるのを一心不乱という。毎回の念仏は私ではなく念仏自身が唱えているというのです。

柳宗悦氏はその著『南無阿弥陀仏』の中で、法然上人、親鸞上人、一遍上人の三師の念仏を次のように比較されています。

「浄土宗では、身命を阿弥陀に捧げる意。真宗では、阿弥陀の勅命に順う意。時宗では、阿弥陀の命根に還る意」として説かれ、さらに続けて、「一は吾らより阿弥陀へ、二は阿弥陀より吾らへ、三は吾らと阿弥陀と未だ分かれざる根源へ」と示されています。

一遍上人の念仏は、私たちも阿弥陀さまも区別はない、吾と阿弥陀と分かれる前の根源に帰る、吾と阿弥陀と一体になったお念仏であるということもできます。実に禅的な念仏であります。

そのようにすべてを捨てて、吾を捨て離れて、阿弥陀さまと一つになって念仏すれば、「よろづ生きとし生けるもの、山河草木、吹く風、立つ浪の音までも、念仏ならずといふことなし」というのです。

山も川も草も木も、吹く風も立つ波も、みな念仏だというのであります。実に禅で説くところの、すべてはみな仏心の現れだというのと同じであります。

真民先生は、五十歳の時に、一遍上人のお誕生地である宝厳寺にある一遍上人のお像に触れて、自分は一遍上人の後を受け継いでゆこうと決意されました。

ただ、今の時代では、南無阿弥陀仏のお札では多くの人は受け取ってくれないであろうからと、ご自身の言葉で詩を作って、多くの人に配られたのでした。

真民先生が、一遍上人のことを詠った詩を紹介します。

一遍智真

捨て果てて
捨て果てて
ただひたすら六字の名号を
火のように吐いて

一処不住の
捨身一途の
彼の狂気が
わたしをひきつける
六十万人決定往生の
発願に燃えながら
踊り歩いた
あの稜々たる旅姿が
いまのわたしをかりたてる
芭蕉の旅姿もよかったにちがいないが
一遍の旅姿は念仏のきびしさとともに
夜明けの雲のようにわたしを魅了する
瘦手合掌
破衣跣の彼の姿に
わたしは頭をさげて
ひれ伏す

禅も念仏もひとつになったところを学びたいものであります。区別するのではなく、その根源に向かって学ぶことが大事だと思っています。

お彼岸です。お墓参りと共に、坐禅であろうと、念仏であろうと、観音さまを念じることであろうと、それらを通して仏陀の教えを学んでほしいと願います。

（『円覚』令和二年春彼岸号）

あとがき

平成二十二年四月一日に、臨済宗円覚寺派管長に就任しました。令和二年の四月でちょうど十年になります。

それまで、修行道場で坐禅ばかりしてきていましたので、管長となってから暮らしは一変しました。

毎月の第二日曜日の日曜説教を始め、さまざまな法話や講演を勤めなければならなくなりました。頼まれて原稿を書く仕事も増えました。来客も多くなりました。

そんな管長としての勤めのなかに、年に四回、円覚寺の季刊誌である『円覚』の巻頭に原稿を書くという仕事があります。

毎年、正月号、春彼岸号、うら盆号、秋彼岸号に執筆をしてきました。平成二十二年から令和二年まで十年にわたり書いてきましたので、四十回分の原稿となりました。それらをまとめて、このたび一本として上梓させていただく運びとなりました。

本書の中にも述べていることですが、不思議なご縁で、紀州熊野に生を享けた者が、鎌倉の円覚寺に住することとなりました。

ご縁の一番初めは、満二歳のときに祖父が亡くなり、火葬場に行って、幼子ながらに「死」に触れたことでした。

「死」とは何か、死んでどこにゆくのか、小学生になって同級生の死を経験して、この問いは一層、切実なものとなりました。

その頃に、朝比奈宗源老師の『仏心』や『覚悟はよいか』という本にめぐり会いました。朝比奈老師は、四歳の時に母を亡くし、七歳で父を亡くされ、死んだ両親がどこに行ったのか、切実に求められたそうです。

その答えは、坐禅をすれば解決すると知って、十歳で禅寺に入門されました。そして長年の坐禅修行の結果、答えを見出されたと著書に書かれていました。

私は、子供ながらに自分の進むべき道を見出した思いで、朝比奈老師の本を繰りかえし読み、自分なりに坐禅に励みました。

やがて縁が熟して、出家して僧となりました。出家したお寺が、奇しくも臨済宗円覚寺派の寺院でした。修行を続けるうちに、平成の時代になって、鎌倉の円覚寺の僧堂に入門しました。あの憧れの朝比奈老師のお寺で修行できることとなったのです。

そうして二十年近く修行して、思いがけなくも円覚寺の管長に就任することとなりました。朝比奈老師や、先代管長の足立大進老師のような高僧には、とても及びもつきません。それでも、どうにかこうにか、一つ一つ与えられた勤めをこなしてきました。


朝比奈老師は、私たちの存在を、仏心という広大な海に浮かんだ泡のようなものだと譬えられています。生まれたからといって、仏心の大海は増えず、死んだからといって、仏心の大海は減らず、私どもは皆、仏心の一滴なのだと喝破されました。

そしてさらに、「人は仏心の中に生まれ、仏心の中に生き、仏心の中に息を引き取る。生まれる前も仏心、生きている間も仏心、死んでからも仏心、仏心とは一秒時も離れていない」と、親切にお説きくださっています。

私も、禅の教えを学び、小学生の頃から数えると四十年以上、坐禅を続けてきて、死んでどこにゆくのかという結論は、この朝比奈老師の言葉通りだったと言えます。分かろうが分かるまいが、迷おうが悟ろうが、みな仏心の中の営みだと、しみじみ思えるようになりました。

大いなる仏心の中で、坐禅をし、請われるままに話をし、文章を書いてきたのだと受けとめています。管長としての勤めも、そんな仏心の中での、一歩一歩の歩みだったと思います。今しばらく、この歩みは続いてゆくでありましょう。『仏心の中を歩む』という題をつけたゆえんでもあります。

最後になりましたが、『円覚』誌には毎号のように坂村真民先生の詩を引用させていただきました。本書にも真民詩を多数、掲載させていただきました。ご許可くださった坂村真民記念館館長の西澤孝一様と西澤真美子様に深く感謝申し上げます。

このような一本を、有り難いことに朝比奈老師が『仏心』を上梓されたのと同じ春秋社から刊行することになりました。同社の神田明社長ならびに編集の労をとってくださった佐藤清靖氏、水野柊平氏に深謝します。

令和二年早春の日

横田南嶺

横田南嶺（よこた　なんれい）
1964年、和歌山県新宮市に生まれる。大学在学中に、東京白山・龍雲院の小池心叟老師に就いて出家得度。1987年、筑波大学を卒業、京都・建仁寺の湊素堂老師のもとで修行。1991年、鎌倉・円覚寺の足立大進老師のもとで修行。1999年、円覚寺僧堂師家（現任）。2010年、臨済宗円覚寺派管長（現任）。2017年、花園大学総長に就任。著書に『仏心のひとしずく』『祈りの延命十句観音経』（以上、春秋社）、『二度とない人生だから、今日一日は笑顔でいよう』（PHP研究所）、『人生を照らす禅の言葉』（致知出版社）、『いろはにほへと〈一〜三〉』（円覚寺居士林編、円覚寺）ほか多数。

仏心の中を歩む
二〇二〇年三月二〇日　第一刷発行
著　者　横田南嶺
発行者　神田　明
発行所　株式会社　春秋社
東京都千代田区外神田二—一八—六（〒一〇一—〇〇二一）
電話〇三—三二五五—九六一一　振替〇〇一八〇—六—二四八六一
https://www.shunjusha.co.jp/
印刷所　信毎書籍印刷株式会社
製本所　ナショナル製本協同組合
装　丁　美柑和俊
定価はカバー等に表示してあります

ISBN978-4-393-14437-4

■横田南嶺の本

仏心のひとしずく

苦難を越えて、生きてあることの〈いのち〉のいとおしさとつよさを、滋味豊かに語る。円覚寺の管長が、人としてあることの目覚めを切々とうったえる鮮烈な仏教エッセイ。　　１６００円

祈りの延命十句観音経

3・11以来著者は十句経を唱え、祈ることは「めげずに生きるぞ」という「いのちの宣言」であると説いてきた。円覚寺派管長がみずからの十句経との縁と共に仏教の核心を説く。　　１０００円

表示価格は税抜き。